广告设计与制作

高职高专艺术学门类
"十三五"规划教材

职业教育改革成果教材

■ 主　编　李冬影
■ 副主编　马菁芸　杨　爽　李莹莹　唐映梅　余　杨　沈建
■ 参　编　李春玉　李春影　师玉洁　祝　笛　闫占军　王平

ART DESIGN

http://www.hustp.com

中国·武汉

内容简介

本书在教学内容的编排上，循序渐进，由浅入深，使学生在实践中领悟理论知识，通过欣赏优秀作品来培养学生的创新能力。本书共有8章，内容分别是广告设计基础、杂志广告设计、标志设计、电视广告、卡片设计、电影广告、网络广告和案例赏析。本书运用丰富的图例来辅助阐述每一个知识点，文字精练，做到大师作品的展示与学生优秀作品相结合，实现教学互动。

本书可操作性强，结合现代艺术教育教学改革的新理念、新思维及新的课程整合构架，确定编写的基本思想、原则及特色，对教学活动有指导意义。

图书在版编目（CIP）数据

广告设计与制作 / 李冬影主编. —— 武汉：华中科技大学出版社，2019.6（2023.1 重印）

高职高专艺术学门类"十三五"规划教材

ISBN 978-7-5680-5327-3

Ⅰ.①广⋯ Ⅱ.①李⋯ Ⅲ.①广告设计 – 高等职业教育 – 教材 Ⅳ.①F713.81

中国版本图书馆 CIP 数据核字 (2019) 第 118142 号

广告设计与制作

Guanggao Sheji yu Zhizuo

李冬影　主编

策划编辑：	彭中军
责任编辑：	史永霞
封面设计：	优　优
责任监印：	朱　玢
出版发行：	华中科技大学出版社（中国·武汉）　　电话：（027）81321913
	武汉市东湖新技术开发区华工科技园　　邮编：430223
录　　排：	华中科技大学惠友文印中心
印　　刷：	武汉科源印刷设计有限公司
开　　本：	880 mm×1230 mm　1/16
印　　张：	6.5
字　　数：	167 千字
版　　次：	2023 年 1 月第 1 版第 2 次印刷
定　　价：	49.00 元

本书若有印装质量问题，请向出版社营销中心调换

全国免费服务热线：400-6679-118　竭诚为您服务

版权所有　侵权必究

前言
Preface

中国职业教育在近些年得到了迅猛发展。为适应职业教育发展的需要，推进职业教育的教学改革，从人才培养目标、人才培养模式出发，编者在课程设置、教材建设等方面进行了不断的研究、探索和实践，在此基础上，组织编写了本书。

本书集杂志广告、标志设计、电视广告、卡片设计、电影广告、网络广告于一体，以广告设计理论为基础，突出实践性和应用性，旨在培养读者的广告设计综合能力。本书采用了新的教学思路，将知识与实例紧密结合，让读者从实例的制作过程中掌握广告设计的技巧，并通过思考与练习题的实践设计与操作得以巩固、提高。书中案例的讲解由浅入深，循序渐进。

本书涉及的个别素材及作品来源于网络和学生，在此向它们的作者致以由衷的谢意。希望本书能引导读者进一步掌握广告制作软件的使用方法和技巧，拓展广告设计思路。

许多同行为本书的编写提出了大量宝贵的建议，在此一并表示衷心的感谢。

本书的编者主要是有企业实践经验和教学经验的教师，本书是他们多年经验的总结和结晶。尽管精心策划、认真编写，但是时间仓促，书中有疏漏、不当之处在所难免，恳请广大读者批评指正。

编 者
2019年5月

目录 Contents

第1章 广告设计基础 ... 1

1.1 广告的概念及定义 ... 3
1.2 广告设计概述 ... 3
- 1.2.1 广告设计简述 ... 3
- 1.2.2 广告功能简述 ... 4
- 1.2.3 广告设计观念的特征 ... 5
- 1.2.4 广告设计的美学特征和色彩运用 ... 6
- 1.2.5 广告设计的创作流程 ... 7

1.3 广告的分类 ... 8
- 1.3.1 按广告内容分类 ... 9
- 1.3.2 按广告对象分类 ... 9
- 1.3.3 按广告形式分类 ... 9
- 1.3.4 按广告目的分类 ... 10
- 1.3.5 按广告的表现技巧分类 ... 10

第2章 杂志广告设计 ... 13

2.1 杂志广告设计概述 ... 14
2.2 饮料杂志广告设计 ... 15
- 2.2.1 饮料杂志广告效果图 ... 15
- 2.2.2 操作过程 ... 15

2.3 作品欣赏 ... 21

第3章 标志设计 ... 25

3.1 标志设计基础 ... 26
- 3.1.1 标志的概念与分类 ... 26
- 3.1.2 标志设计的技法 ... 26

3.2 网站标志设计 ... 27
- 3.2.1 新星科技有限公司网站标志效果图 ... 27
- 3.2.2 操作过程 ... 27

3.3 优秀作品欣赏 ... 30

第4章 电视广告 ... 33

4.1 电视广告概述 ... 34
- 4.1.1 电视广告的概念 ... 34
- 4.1.2 电视广告的发布形式 ... 34
- 4.1.3 电视广告的类型 ... 35
- 4.1.4 电视广告的优点 ... 35

4.2 公益电视广告 ... 36
- 4.2.1 公益广告的概念 ... 36
- 4.2.2 公益广告的设计理念 ... 36
- 4.2.3 公益电视广告的创作过程 ... 36
- 4.2.4 公益电视广告《信心》的创意与制作 ... 37

4.3 商业电视广告 ... 40
- 4.3.1 商业电视广告的创意 ... 40
- 4.3.2 商业电视广告脚本 ... 41

4.3.3 商业电视广告制作 ·· 41
4.3.4 《皇宫御膳》创意与制作 ·· 43

第5章 卡片设计 ·· 49

5.1 卡片基础 ·· 50
5.2 电话上网卡 ·· 50
    5.2.1 电话上网卡效果图 ·· 50
    5.2.2 电话上网卡制作步骤 ······································ 51
5.3 贵宾卡 ·· 55
    5.3.1 人美健身休闲馆贵宾卡效果图 ······························ 55
    5.3.2 人美健身休闲馆贵宾卡制作步骤 ···························· 56
5.4 优秀作品欣赏 ·· 59
    5.4.1 电话卡效果图 ·· 59
    5.4.2 名片效果图 ·· 59

第6章 电影广告 ·· 61

6.1 电影广告概述 ·· 62
    6.1.1 电影广告的概念 ·· 62
    6.1.2 电影广告的表现形式 ······································ 62
    6.1.3 电影广告市场的分析 ······································ 63
    6.1.4 电影广告的优势 ·· 63
6.2 电影海报 ·· 64
    6.2.1 电影海报的目的 ·· 64
    6.2.2 电影海报的设计要素 ······································ 64
    6.2.3 电影海报的类型 ·· 65
6.3 电影海报设计 ·· 70

第7章 网络广告 ·· 75

7.1 网络广告概述 ·· 76
    7.1.1 网络广告概述 ·· 76
    7.1.2 网络广告的构成要素 ······································ 76
    7.1.3 网络广告的主要形式 ······································ 77
    7.1.4 网络广告的优缺点 ·· 79
    7.1.5 网络广告创意 ·· 82
7.2 网络广告制作 ·· 83

第8章 案例赏析 ·· 85

8.1 饮料类广告 ·· 86
    8.1.1 优乐美奶茶 ·· 86
    8.1.2 九江双蒸酒 ·· 88
8.2 企业形象类广告 ·· 90
    8.2.1 中国石化 ·· 90
    8.2.2 支付宝 ·· 92
8.3 流通及服务类广告 ·· 94
    恒裕运动名店街 ··· 94

参考文献 ·· 97

Advertising Design and Production

第 1 章
广告设计基础

广告随着商品的出现应运而生，并随着商品经济的发展而发展，成为现代商品经济活动的重要组成部分。广告对经济的发展发挥着刺激和促进作用，它成了人们从事商品买卖和物质交换的一种辅助手段，广告对商品社会和人们生活的作用也变得越来越重要。今天，我们生活在一个五彩缤纷的广告世界中，广告已成为生活的一部分，潜移默化地影响着我们的价值观和消费取向，影响着我们的思想意识和行为方式。

图 1-1 至图 1-8 所示即为我们日常生活中常见的广告，它们或极具创意性，或色彩独特，或风趣幽默。在进行广告设计的讲解前，首先请读者欣赏这些广告图片。

图 1-1　唇膏广告

图 1-2　头盔广告

图 1-3　餐具广告

图 1-4　电影海报

图 1-5　钻戒广告

图 1-6　创意广告欣赏

图 1-7　手表广告

图 1-8　幽默广告欣赏

1.1 广告的概念及定义

所谓广告，字面上的理解就是"广而告之"，即向公众告知一件事，让大家对它产生印象，但这并不是广告的定义，而是说明广告是向大众传播信息的一种手段。广告的定义有广义和狭义之分。广义的广告包括非经济广告和经济广告。非经济广告指不以赢利为目的的广告，又称效应广告，如政府行政部门、社会事业单位乃至个人的各种公告、启事、声明等，其主要目的是推广；狭义的广告仅指经济广告，又称商业广告，是以赢利为目的的广告，通常是商品生产者、经营者和消费者之间沟通信息的重要手段或企业占领市场、推销产品、提供劳务的重要形式，其目的主要是扩大经济效益。

"广告"一词的英文是 advertising。据考证，它来源于拉丁语，原意是"诱导""注意"，经过数百年的发展，演变为今天的"广告"一词。而随着时间的推移与社会的发展，广告的定义也在不断地发展变化。我们相信在未来的社会中，广告的内涵与外延还将不断发展变化。

一则具体的广告，主要包含以下几项内容：

广告内容——如何了解商品或劳务的优点、特色；

广告对象——如何选定消费对象；

广告手段——如何向选定的消费者宣传；

广告技巧——如何唤起消费者的注意；

广告目的——如何说服消费者购买、使用商品或接受要求。

广告是社会发展的产物，是人类文明进步的表现，它影响着人类的生活，影响着人类的文化，时代特征非常明显。所以，广告不仅是一种宣传手段，也是一种社会文化现象。

要想成为 21 世纪的优秀广告设计人才，必须全面系统地学习和把握广告设计的基本原理和法则，了解新观念、新思维、新趋向，这样才能头脑清晰、眼光开阔地面对新挑战，在广告设计实践活动中展现一个广告人的存在价值。

1.2 广告设计概述

1.2.1 广告设计简述

广告设计是一门实用性很强的综合学科，是广告活动全过程的一个重要环节，是广告策划的深化和视觉表现。

广告的概念是 20 世纪商品经济高度发展的产物，它既不是"广而告之"的字面广告概念，也不是一种以赢利为目的的商业传播活动的狭义广告概念。准确反映广告特征的广告概念是：广告是运用系统论、信息论和控制论等学科知识，以市场调查为先导，以整体策略为主体，以创意为中心，以现代科学技术为手段，塑造良好的产品形象和企业形象，指导消费活动，培育新的生活方式与消费方式，促进社会生产良性循环的一种新的文化现象。广告既是一门科学，又是一门艺术，集科学、经济、技术、艺术、文化于一身，具有丰富的新内涵和显著的新特点。

在众多的广告定义中，在内涵上比较准确、具有一定代表性的是美国市场学会为广告下的定义：广告是由可识别的倡议者用公开付费的方式对产品或服务或某项行为的设想所进行的非人员性的介绍。这个广告定义虽然把主体定在产品概念上，但在含义上也涉及非商品类广告，因而是比较准确的，被许多国家广告界所接受。

广告的目的在于追求广告效果，而广告效果的关键在于广告设计。广告设计的任务是根据企业营销目标和广告战略的要求，通过引人入胜的艺术表现，清晰准确地传递商品或服务的信息，树立有助于销售的品牌形象与企业形象。

1.2.2　广告功能简述

广告的功能是多元化的，其主要的功能有信息功能、经济功能、社会功能、宣传功能、心理功能和美学功能。

1. 广告的信息功能

广告传递的主要是商品信息，是沟通企业、经营者和消费者的桥梁。

传递信息是广告的目的，广告的设计是建立在信息调查与信息反馈之上的。企业和经营者以信息的收集和传递为其生存发展的保证。消费者依靠商品信息的传递满足自身的物质与精神需要。

企业或经营者运用广告手段向市场、消费者提供商品和服务信息，力求使消费者接受，促成购买行为。经济高速发展，人们物质与精神需要的不断提高，同类产品竞争的日趋激烈，使广告成为商品促销、市场开拓必不可少的手段。

2. 广告的经济功能

广告的经济功能体现在沟通产、供、销的整个经济活动中所起的作用与所取得的效能上，广告的信息流动时刻与经济活动联系在一起，促进产品销售和经济发展，有助于社会生产与商品流通的良性循环，加速商品流通和资金流动，提高社会生产活动的效率，为社会创造更多的财富。广告能有效地促进产品销售，指导消费，同时又能指导生产，对企业发展有着不可估量的作用。

3. 广告的社会功能

广告具有一定的社会功能，它向社会大众传播科技领域的新知识、新发明和新创造，有利于开拓社会大众的视野，活跃人们的思想，丰富人们的物质和文化生活。

广告通过传播新的生活观念，提倡新的生活方式和消费方式，形成一种适合国情、与生活水准相协调的社会消费结构，推动着社会经济的发展，有助于社会的公益事业发展，促进公共事业的发展。

4. 广告的宣传功能

广告既是传播经济信息的工具，又是社会宣传的一种形式，涉及思想、意识、信念、道德等内容，在精神文明建设中有不可估量的作用。

广告在传播经济信息的同时，给社会带来大量的科学、文化、教育、艺术等方面的新知识、新技术及健康科学的生活方式，使人们得到德、智、体、美四个方面的教育，从而陶冶情操，提高思想修养，树立积极向上的观念，促进社会大众精神境界的提高，有利于社会精神文明的建设。

5. 广告的心理功能

广告是信息交流和社会心理沟通的产物，广告的主要心理功能是引起消费者注意，诱发消费者的兴趣与欲望，促成消费行为。广告要瞄准消费者的心理需要，掌握其心理过程，才能达到心理沟通的目的。只有正确地运用广告的心理功能，才能满足消费者的心理需要，使广告达到良好的诉求效果。

6. 广告的美学功能

广告作为一种特殊的精神产品，要使消费大众接受，必须具有一定的审美价值，在一定程度上满足消费者的审美需要。

广告作品必须遵循美的原则。要以美的形象、美的语言、美的形态向消费大众传播信息，这样才能有感染力与冲击力，才能有效地激发消费者的欲望，使其接受劝说，改变其行为方式。不具备美学功能的广告只会是枯燥无味的说教，是难以达到广告目的的。

1.2.3 广告设计观念的特征

现代广告是由传统广告发展而来的，随着商品经济的发展、市场竞争的日益加剧，广告不再只是单纯地传播商品和服务信息，而是现代企业经营的战略手段和竞争策略，这种观念上的根本变化是传统广告发展到现代广告的重要标志。

广告设计者要创造时代需要的广告作品，必须从设计观念上更新。下面从现代广告的设计理念来说明广告设计观念的特征。

1. 广告设计以消费者和用户为中心

广告设计要求设计师真正树立以消费者和用户为中心的市场观念，强调广告设计必须建立在市场调查、产品调查、消费者调查和综合分析的基础上。确定广告目标、诉求对象和广告主题，研究消费者的观念、心理、爱好、习惯等因素，从目标消费者的需求出发，既要讲究严密的科学性和计划性，又要注意理论与实践经验的结合，使广告成为开拓潜在市场、树立产品与企业形象、培养生活方式、满足消费者需求、具有促销力的现代广告。

2. 广告设计是企业整体营销活动的有机组成部分

广告设计是为实现企业战略目标服务的，它受企业市场目标的限定，作为市场营销的促销组合手段之一，有很强的目的性和约束性，是一种目的性很强的信息物质化、艺术化的表现，能较好地克服设计的盲目性。较之于传统广告的简单发布和主观指导，现代广告设计已具有较强的客观性和科学性，从被动设计转化为主动设计。

3. 现代广告设计是一门综合性很强的学科

现代广告设计需要掌握的专业知识范围很广泛，涉及多个学科，如传播学、市场学、心理学、设计学、社会学、文学、美学与语言学等。广告设计除了要有较为系统的专业理论知识和相当的设计基础外，还必须具备广泛的知识和专业经验。

1.2.4　广告设计的美学特征和色彩运用

1. 广告设计的美学特征

现代广告集科学、艺术、文化于一身，具有实用和审美的双重性。

广告设计艺术化成为世界性的潮流。作为一种大众的艺术，广告具有广泛的群众性，是传播信息与观念的有效工具，刺激着新的文化创造，促进着科学、艺术、文化的繁荣，促成了新的社会观念和新的生活方式的改变。它对提高生活质量起着不可忽视的特殊作用，它能使社会更加有序化、理想化和艺术化。

任何平面广告设计作品，无论是报纸、杂志、海报或其他平面广告形式，都是通过某些素材的取舍、安排、配置而完成的。这些素材是平面广告的构成要素。

2. 广告设计的色彩运用

世界是五彩缤纷的，大自然通过色彩向人们展示了世界的面貌和美好的生活。对色彩的感受是人类的天性，人们长期生活在色彩的环境中，逐渐形成对色彩的审美意识。

在现代广告中，除了利用色彩表达特定主体外，更重要的是利用色彩的相互配合，创造出能表达主题特点的完美艺术效果。色彩作为一种表情达意的手段，在现代广告设计的诸多构成要素中，是最重要的一个。马克思说：色彩的感觉是一般美感中最大众的形式。色彩具有美化装饰的作用，能够影响人的感觉、知觉、联想、记忆、情感等，从而产生共鸣，在视觉传达中起着不可忽视的作用。色彩在平面广告设计中的功能价值，体现在鲜明性、认知性、真实性、审美性等几个方面。

色彩美感是以色彩关系为基础表现出来的一种总体感觉，一定的构成法则是产生色彩美感的前提。色彩及其面积大小的配置是配色效果的重要因素，色彩设计必须注意以下几点。

1) 主调

画面的整体色调是色彩关系的基调。总的色彩倾向，好似乐曲中的主旋律，是设计作品影响观众感受事物的重要因素，在创造特定气氛与环境上发挥主导作用，有强烈的感染力，在形成设计作品的风格与特征上起着非常重要的作用。

2) 平衡

平衡是视觉上感受到的一种力的平衡状态。配色的平衡是指两种以上的色彩放在一起，其上下、左右在视觉上有平稳安定的感觉。

3) 节奏

在色彩组合中，节奏表现在色彩的重复、交替和渐变形成的空间性律动上，它能产生一种运动感，如疏密、大小、正反等形式的巧妙运用，能使画面产生多种多样的韵律感，给视觉带来一种有生气、有活力和跳跃的色彩效果，减轻视觉疲劳，使人心理上产生快感。

4) 强调

强调在色彩设计中有很高的表现价值，能破除整体色调的单调、平庸之感，有助于突出画面的视觉中心，加强对主题的表现。

5) 分割

分割可以使对比过弱的色彩清晰明快，对比过强的色彩和谐统一。分割使用的色彩以无彩色中的黑、白、灰为宜，易于取得鲜明、响亮而和谐的效果。金、银色也有良好的分割效果，运用得当能取得华丽、明快的效果。

6) 渐层

多色配合的阶段性递次变化，使色调呈现逐渐变化的形态。渐层的色彩形式使人的视点从一端移到另一端，具有明显的传动效果。

现代广告设计已从造型时代演变成色彩主导设计的时代。近年来，随着生活品质的不断提高，生活形态、消费观念、价值观念的急速变化，消费大众对商品的需求，除了满足理性的使用功能外，也日益看重商品为其带来的感性需求。运用色彩创造独特的形象来满足当今消费者差异化、多样化的需求，已是现代广告设计的一个重要课题。

随着商品在市场上不同生命周期的演变和不同阶段的发展，需要相应的色彩来吻合时代走向和流行趋势，以满足社会不断变化的需求。为此，科学化、类别化、系统化色彩已成为产品设计、包装设计、企划形象设计等多个领域中的一种重要策略手段。

1.2.5 广告设计的创作流程

广告设计不是纯粹的艺术活动，一则成功的广告绝不是仅靠设计师的艺术天赋和高超的表现力所能实现的，它必须经历市场调查、总体策划、确定主题、开发创意、艺术表现等过程。因此，广告设计是一个系统的工程，必须在设计领域的坐标中找到其准确的定位，其中确立科学的传播内涵就显得十分重要。它涉及设计的目的、设计的主题和创意定位等一系列问题，这些都是在设计一开始就应该解决的。

当今，广告设计已发展到重视集体创作的阶段。一般由一个设计小组来共同完成一项任务，从而能够发挥多种人才的创造力。

广告设计从开始到完成，有一个较为系统的程序，不同广告媒体有不同的特点，但其设计程序大同小异。下面对平面广告的设计程序进行简要的介绍。

1. **设计准备**

广告设计要根据整体策划明确目标，准确把握主题，收集所需的各种资料，确定制作广告的条件及因素。

具体包括明确广告目的，把握目标市场的基本情况，明确消费者购买广告产品的动机等。

收集广告制作所需要的多种参考资料，包括产品、商标图形、企业名和标准色样等。

2. 设计创意

根据上述掌握的情况和准备的资料，即可进行创意构思。

创意是广告设计程序中的重要环节，新颖而富有价值的广告创意是广告设计必须追求的。创意是广告设计师思考的发展，是支配一件作品不可缺少的意念，是直接推进作品设计的原动力。

创意可采取多画速写类的创意图形的方法获取，经设计小组反复研讨，再不断进行深化挖掘，最终找到一个新颖独特的最佳创意方案。

3. 设计表现

新颖而有价值的广告创意产生之后，就可以确定各种表现素材，如标题、标语、广告正文、插图、色彩及表现形式。插图可采用绘制的图画或摄影照片，可由抽象的或半抽象的图形构成，根据不同的设计主题采用不同的表现形式。标题的设计采用什么样的字体表现，整个画面采用什么样的具有象征性的色彩表现，都要具体确定，以选取最佳的方案。

设计表现是广告创意视觉化不可缺少的第一步，设计表现运用得如何，决定着广告创意能否得到完美的体现。

4. 设计编排

广告构成的表现形式确定后，即可在电脑上进行编排设计。版面的编排要应用视觉流程的原理，使各构成要素都能统一在一个有机的整体中，充分发挥各自的使命与作用。同时，编排要考虑版面的视觉美感，使其具有美的韵味和视觉感召力，给人以清爽悦目的视觉效果。

编排设计时，广告版面上各种构成要素的组合关系要反复推敲，力求找到最佳的方案。

5. 审查定稿

打印出的广告设计稿应交由客户进行审定，提出修改意见。设计师应充分听取客户的合理意见，在电脑上进行修改后再打出样稿，请客户再次审定，如没有意见即可签字交付，正式制作。

从设计准备开始，经过设计创意、设计表现、设计编排到请客户审定修改及再审定交付制作，一幅平面广告的设计作品就产生了。

1.3 广告的分类

广告种类繁多，任何一种以宣传为目的的活动和行为都可以认为是广告。按照不同的分类标准，广告可以分为不同的类别，单是平面广告一项就有多种类别。广告根据内容、对象、形式、目的、表现技巧等的不同而有着不同的分类。

1.3.1 按广告内容分类

广告以不同的内容达到不同的直接目的，进而达到最终推销商品的目的，因此可以把它分成以下几类。

1. 销售广告

销售广告是以销售为目的，从中直接获取经济利益的广告形式，分为报道式广告、劝导式广告、提醒式广告。

2. 企业形象广告

企业形象广告是以建立商业信誉为目的的广告，它不直接介绍商品和宣传商品的优点，而是宣传企业的宗旨和信誉、企业的历史与成就、企业的经营与管理情况，其作用是树立企业良好的形象，沟通企业与消费者的公共关系，从而达到推销商品的目的。

3. 企业观念广告

企业观念广告可分为政治性广告和务实性广告两类。政治性广告通过广告宣传，把企业对某一社会问题的看法公之于众，力求唤起社会公众的同感，以达到影响政府立法或制定政策的目的。在这里企业所关心的社会问题，一般是能直接影响企业利益的问题。务实性广告是建立或改变企业或某一产品在消费者心目中的形象，从而建立或改变一种消费习惯或消费观念的广告，而这种观念的建立或改变是有利于广告者获取长久利益的。

1.3.2 按广告对象分类

不同商品的消费、流通都有各自不同的诉求对象，按广告的诉求对象对广告进行分类，可分为消费者广告、工业用户广告、商业批发广告和媒介性广告。

1.3.3 按广告形式分类

平面广告是广告中最大的一个分支，它是通过视觉传递广告信息的一种广告类别，因此平面广告必须以视觉传达取胜。随着现代广告媒体的多元化和制作技术的不断发展，平面广告的创意、构思和制作水平也越来越高，计算机技术的出现，更为平面广告的设计与制作注入了新的活力。下面以平面广告为例，说明其按形式分类的情况。

根据广告形式对平面广告进行分类，广告可分为报纸广告、招贴广告、杂志广告、邮寄广告等。

1. 报纸广告

报纸广告是现代广告的重要形式之一。报纸广告有着版面大、发行面广、覆盖面大、时效性强等特征，是一种有效的信息传播工具。

2. 招贴广告

招贴广告又称海报广告，是平面设计中具有典型意义的广告设计形式之一，与主流媒体广告配合使用，可以大大加强广告效应。随着中西方文化的日益交融，招贴广告的设计形式已经不再受风格和流派的局限,创意和构思也日新月异。招贴广告一般出现在娱乐场所,经常采用大画面,色彩运用大胆灵活,拥有强烈的视觉冲击力。

3. 杂志广告

杂志是视觉媒体中比较重要的一种传播媒介,19世纪末成为重要的广告宣传媒体。杂志按其内容,可分为综合性杂志、专业性杂志和生活杂志,不同类型的杂志有不同的读者群体;按出版周期,又可分为周刊、半月刊、月刊、双月刊、季刊及年度报告等;按发行范围,又可分为国际性杂志、全国性杂志、地区性杂志等。

杂志广告在版面上要求简洁、协调,它的印刷装帧和版式设计比报纸精美得多,属于印刷媒体中的贵族。

4. 邮寄广告

邮寄广告可分为销售函件、商品目录、产品说明书、小册子、名片、明信片及传单等多种形式。邮寄广告的目的是直接向消费者推销商品,以取得直接销售或邮寄销售的效果。

1.3.4 按广告目的分类

根据广告目的的不同,可以将广告划分为两类:商业广告和社会广告。其划分依据是广告的最终目的是不是获取经济利益:如果是营利性的,就是商业广告;如果是非营利性的,就是社会广告。

1. 商业广告

商业广告是指在商品生产和商品流通领域及服务性行业内,为了推销商品或劳务,以获取经济利益为目的的广告。这类广告也称为经济广告,它以获取经济利益为最终目的,是广告中比例最大的一类。商业广告的宣传对象是广大消费群体,这种信息的传播是有偿的,需要广告主向媒体付费。

2. 社会广告

社会广告不以赢利为目的,因此又称为非营利性广告,主要分为文化广告、个人广告、公益广告等。

1.3.5 按广告的表现技巧分类

按表现技巧分类,是指广告借用什么样的表达方式以引起消费者的购买欲望,并采取购买行动的一种分类方法。它可以分为理性诉求广告和感性诉求广告两大类。理性诉求广告采取理性的说服手法,有理有据地直接论证产品的优点与长处,让顾客自己判断,进而购买使用。感性诉求广告采取感性的说服方式,向消费者诉之以情,使他们对广告产品产生好感,进而购买使用。

思考与练习

（1）请列举你熟悉的各种广告形式，并说明这些广告形式的优缺点。

（2）如果让你设计两则广告（题目自拟），请根据广告的性质举例说明你的设计思想及选择的广告形式，简要描述色彩运用及创作流程。

（3）设计并勾勒几则广告的版式框图，并简要说明。

第 2 章
杂志广告设计

2.1 杂志广告设计概述

杂志广告又称作期刊广告，英文名称为 magazine advertising。杂志是具有固定时间周期连续出版、有固定刊名，并由众多作者的作品汇编而成的平面印刷读物。

与其他平面广告相比，杂志广告具有读者较为集中、信息有效期长、娱乐性和教育性并存、针对性强、印刷精美和表现效果好的优势。因此，在设计杂志广告时要注意以下几点：

1. 讲求版面的编排

在杂志广告中，图文本身的大小会受到版面的限制，版面通常为8开、正16开、大16开、32开等。在编排过程中要求图文对齐，例如标题文字通常会与主广告图水平或垂直对齐，而说明文字则要和附属广告图对齐。在广告图编排中需要设计师灵活运用不同的图文编排方式，制作图片特效。

杂志的页面都有固定的装帧顺序，杂志封面广告版位往往是注目率最高的，而封底是仅次于封面的最佳位置，封二次之。在同一个版面中，人们会按由上及下，由大及小，横排时由左及右，竖排时由右及左的顺序来阅读。因此，设计师可以遵循这样的顺序分配杂志广告版面。

2. 图文视觉效果的表现

要想让广告有吸引力，首先要创造气氛。杂志广告凭借印刷精美、精度高等特点已经具有其他广告媒体不具备的优势，因此可以通过精湛的摄影技术直接展示产品图片，真实地反映产品的结构、造型、材质和品质，促进消费者的购买欲望。也可以通过场景式的视觉效果，让产品成为广告中的主角进行展示，给人出其不意的视觉效果。而系列式的表达可以突出品牌效应，具有明显的针对性，通过较为详细的文字介绍商品或其他信息，重在传播行业信息，显示行业在产品开发上的实力。情感式的情绪共鸣对于整体气氛的表达也是很好的，可以将充满情感的语言、形象、背景气氛作用于消费者，给人以倾向性的引导。

3. 明确杂志广告的受众群体

每种杂志都有自己的目标受众群体即读者，因此在专业杂志上做专业商品广告时必须考虑到接受对象的心理特点，采用专业化的语言风格，易于为专业目标受众所理解，从而产生较好的宣传效果。比如可以在电影杂志上做影视广告，在服饰杂志上做化妆品或家居用品广告，在科技杂志上推广电子产品等。而广告文案的语言可以选用相应的专业术语和专业化的语言风格，以短小且信息量大的文案有效地表达个性化特征，有的放矢地将信息传达给正确的受众群体，使人感受到新鲜、不落俗套。

4. 杂志广告的情感表达

广告中的情感诉求，通常会营造某种情调来表达主题。设计者可以通过大画面、强烈的色彩对比等手段，激发消费者的情绪与欲望。按照广告的诉求方式，广告一般可以分为情感诉求广告和理论劝服广告两类。针对消费者的心理和精神需求，要建立消费者的情感共鸣，从而使其对企业和产品或服务产生偏爱。设计者可以尝试从不同的角度或在不同的空间去看事物。例如：通过环保主题的广告，我们感受到保护生态就等于保护自己。而广告人物的美丽、画面的精美，有助于广告品牌取得消费者的信任。

2.2 饮料杂志广告设计

2.2.1 饮料杂志广告效果图

本节制作图 2-1 所示的饮料杂志广告效果图。

图 2-1 饮料杂志广告效果图

2.2.2 操作过程

1. 使用 Photoshop 处理背景图片

（1）启动 Photoshop 软件，按"Ctrl+N"键，新建一个分辨率为 300 像素 / 英寸的 A4 页面，如图 2-2 所示。

（2）选择渐变工具，编辑蓝色（R:165，G:223，B:248）到白色渐变，单击选项栏中的"线性渐变"按钮，在画布上从上至下拖动以填充渐变色，如图 2-3 所示。

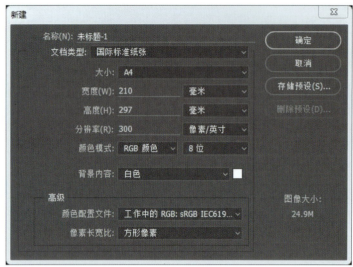

图 2-2　新建文件

图 2-3　填充渐变色

（3）新建图层，命名为"椭圆1"。选择椭圆工具，在选项栏中将填充更改为白色，描边为无，按住"Shift"键在画布顶部靠左位置绘制一个正圆图形，如图 2-4 所示。

（4）在图层面板中选中"椭圆1"图层，单击面板底部的"添加图层样式"按钮，在弹出的菜单中选择"内发光"命令，在弹出的对话框中将"混合模式"更改为正常，"不透明度"更改为 30%，颜色更改为白色，"大小"更改为 60 像素，完成之后单击"确定"按钮，如图 2-5 所示。

图 2-4　绘制正圆图形

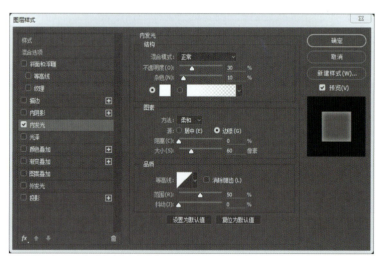

图 2-5　设置内发光样式

（5）在图层面板中选中"椭圆1"图层，将"填充"更改为 0%，如图 2-6、图 2-7 所示。

（6）在图层面板中选中"椭圆1"图层，单击面板底部的"添加图层蒙版"按钮，为其添加图层蒙版，如图 2-8 所示。

（7）选择工具箱中的画笔工具，在画布中单击鼠标右键，在弹出的面板中选择一种圆角笔触，将"大小"更改为 250 像素，"硬度"更改为 0%，如图 2-9 所示。

杂志广告设计 第 2 章

图 2-6 设置"填充"为 0%

图 2-7 设置填充后效果

图 2-8 为"椭圆 1"添加图层蒙版

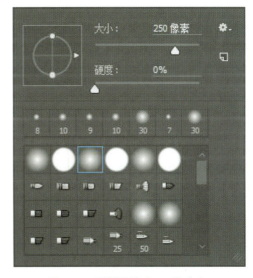

图 2-9 设置画笔（250 像素）

（8）将前景色改为黑色，在图像上的部分区域涂抹以将其隐藏，如图 2-10 所示。

（9）在图层面板中选中"椭圆 1"图层，按住 Alt 键将其拖至面板底部的"创建新的图层"按钮上，复制出一个"椭圆 1 拷贝"图层，如图 2-11 所示。

（10）选中"椭圆 1 拷贝"图层，按"Ctrl+T"组合键对其执行"自由变换"命令，将图形等比例缩小，完成之后按 Enter 键确认，将其移至画布右上角位置，并调整"椭圆 1"位置，如图 2-12 所示。

（11）以同样方法将椭圆复制多份，并将部分图形缩小，将其中几个删除蒙版，并调整位置，如图 2-13 所示。

（12）执行菜单栏中的"文件→打开"命令，打开"海.jpg""沙滩.jpg"文件，将打开的素材拖入画布中并适当调整大小，如图 2-14 所示。

（13）在图层面板中选中"沙滩"图层，单击面板底部的"添加图层蒙版"按钮，为该图层添加图层蒙版，如图 2-15 所示。

17

图2-10 用画笔涂抹（1）

图2-11 复制图层

图2-12 变换大小并调整位置

图2-13 制作多个椭圆

图2-14 拖入素材并调整

图2-15 为"沙滩"图层添加图层蒙版

（14）选择工具箱中的画笔工具，在画布中单击鼠标右键，在弹出的面板中选择一种圆角笔触，将"大小"更改为300像素，"硬度"更改为0%，如图2-16所示。

（15）将前景色改为黑色，在图像上的部分区域涂抹以将其隐藏，如图2-17所示。

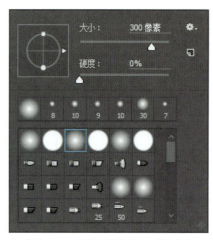
图2-16 设置画笔（300像素）

图2-17 用画笔涂抹（2）

（16）以同样的方式为"海"图层添加图层蒙版，并在画布中将部分图层隐藏，如图2-18所示。

（17）选择工具箱中的矩形工具，在其选项栏中将填充更改为浅黄色(R:255，G:247，B:235)，描边为无，在画布中间位置绘制一个与其宽度相同的矩形，此时将生成一个"矩形1"图层，如图2-19所示。

图2-18　将"海"图层部分隐藏

图2-19　绘制矩形

（18）选中"矩形1"图层，执行菜单栏中的"滤镜→模糊→高斯模糊"命令，在弹出的对话框中将"半径"更改为30像素，完成之后单击"确定"按钮，如图2-20所示。

图2-20　模糊效果

2. 使用Adobe Illustrator添加素材并处理

（1）启动Adobe Illustrator软件，执行菜单栏中的"文件→打开"命令，打开"饮料杂志广告背景.psd"和"素材.ai"文件，将打开的素材图像拖入画布中的适当位置，并复制饮料素材，调整其大小、位置和图层顺序，如图2-21所示。

（2）选中叶子图像，单击右键，选择"变换→对称"命令，在弹出的对话框中单击"垂直"单选按钮，单击"复制"按钮，将图像复制，如图2-22所示。

图 2-21 拖入素材并调整

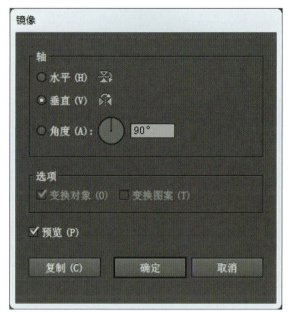

图 2-22 "镜像"对话框

（3）再选中两片叶子素材，单击右键，选择"变换→对称"命令，在弹出的对话框中选择"水平"，将生成的图像平移至画布的左侧和右侧相对位置，如图 2-23 所示。

（4）选中鞋子和球，执行菜单栏中的"效果→风格化→投影"命令，设置后效果如图 2-24 所示。

图 2-23 水平镜像叶子

图 2-24 为鞋子和球制作投影效果

（5）选择工具箱中的文字工具，在画布适当位置添加文字，如图 2-25 所示。

（6）选择工具箱中的矩形工具，将填色更改为任意颜色，绘制一个与画布相当大小的图形，如图 2-26 所示。

图 2-25　添加文字　　　　　　　　图 2-26　绘制一个与画布相当大小的图形

（7）同时选中所有对象，单击鼠标右键，选择"建立剪切蒙版"命令，将部分对象隐藏，这样就完成了效果制作，最终效果如图 2-27 所示。

图 2-27　最终效果

2.3　作品欣赏

图 2-28 至图 2-35 所示作品供欣赏。

图 2-28 《芭莎珠宝》封面

图 2-29 《时尚先生》封面

图 2-30 家居杂志内页（1）

图 2-31 家居杂志内页（2）

杂志广告设计　第 2 章

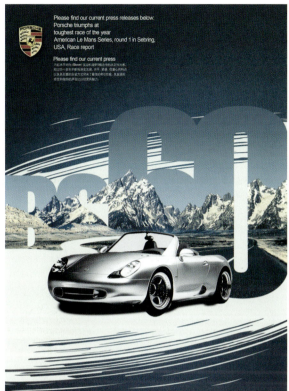

图 2-32　汽车杂志内页（1）

图 2-33　汽车杂志内页（2）

图 2-34　科技杂志内页（1）

图 2-35　科技杂志内页（2）

思考与练习

设计以"鞋"为主题的宣传海报。

要求:以"鞋"为广告对象,分别采用直接展示、场景展示、情感式、系列式四种表现方式进行杂志广告图片设计。作品中应包含产品标识(商标LOGO)和几张主要产品的效果图。

例如,你设计的是"回利"品牌运动鞋的宣传海报:

第一,制作"回利"品牌的产品标识;

第二,制作四张表现方式不同的"回利"品牌运动鞋的海报,设计时可自选一些相关场景的图片素材或自制一些卡通图片;

第三,颜色要有视觉冲击力,构图有创意、新颖,版式合理。

Advertising Design and Production

第 3 章
标 志 设 计

3.1 标志设计基础

标志的应用范围大到国家，小至个人，涉及各行各业。不同的标志代表着不同的事物，反映出不同的信息。不同的标志也可显现出传统文化、民族风格、地域特征、时代精神等不同内涵的特有痕迹。

3.1.1 标志的概念与分类

1. 概念

标志是指代表特定内容的标准识别符号，由具象或抽象的文字、图形组成。

2. 分类

1) 广义标志

广义标志包括所有通过视觉、触觉、听觉所能识别的各种符号。

2) 狭义标志

狭义标志以视觉形象为载体，代表某种特定事物内容的符号象征图案。根据标志所代表内容的性质及标志的使用功能，可将标志分为五种类别。

（1）地域、国家、党派、团体、组织、机构、行业、专业、个人类标志。

（2）庆典、节日、会议、展览等活动类标志。

（3）公共场所、公共交通、社会服务、公共安全说明等指令类标志。

（4）公司、生产商等企业类标志。

（5）产品、商品类标志。

3.1.2 标志设计的技法

1. 定位

标志设计的定位有以标志名称的文字定位，以标志名称的图形定位，以标志名称的图文配合定位，以标志所代表对象的外部特征定位，以标志所代表对象的内部特征定位，以标志代表对象发挥的效能定位，以突出标志个性特征的角度定位等几种。

2. 形式

1) 简化

①信息简化；②名称简化；③形态简化。

2) 夸张

①形态夸张；②性能夸张；③属性夸张。

3) 对比

①信息对比；②形态对比；③面积对比；④位置对比；⑤方向对比；⑥肌理对比；⑦主次对比；⑧虚实对比。

4) 特异

①形状特异；②位移特异；③面积特异；④空缺特异；⑤突破特异；⑥附加特异。

5) 对称

①反射对称；②回转对称；③旋转对称。

3．其他技法

标志设计的其他技法有适合、互借线、互借面、多意图形、图文互补、谐音图形、均衡、重复、渐变、放射、联合、重叠、立体、矛盾空间、标志色彩等。

3.2 网站标志设计

网站 LOGO 起着非常重要的作用。一个制作精美的 LOGO，不仅可以很好地树立公司形象，还可以传达丰富的产品信息。

3.2.1 新星科技有限公司网站标志效果图

新星科技有限公司网站标志效果图如图 3-1 所示。

3.2.2 操作过程

（1）按"Ctrl+N"组合键新建文件，参数设置如图 3-2 所示。

图 3-1 新星科技有限公司网站标志效果图

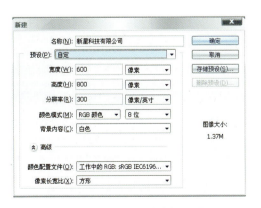

图 3-2 新建文件的参数设置

（2）选择工具箱中的圆角矩形工具，如图 3-3 所示。

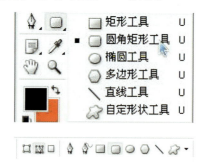

图 3-3　选择圆角矩形工具

（3）单击工具选项栏（属性栏）中的"路径"按钮。新建图层 1，图层的位置关系如图 3-4 所示。在页面上绘制圆角矩形，如图 3-5 所示。

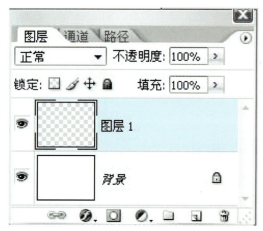

图 3-4　图层的位置关系（图层 1）

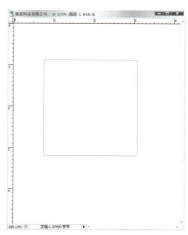

图 3-5　绘制圆角矩形

（4）按"Ctrl+Enter"组合键将路径转换成选区，如图 3-6 所示。单击前景色，弹出"拾色器"对话框，设置前景色，如图 3-7 所示。

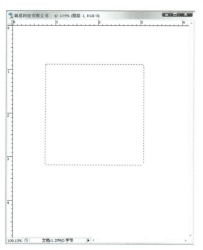

图 3-6　将路径转换成选区

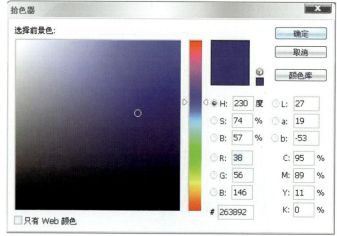

图 3-7　"拾色器"对话框

（5）按"Alt+Delete"组合键填充前景色，如图 3-8 所示。新建图层 2，图层的位置关系如图 3-9 所示。

（6）选择钢笔工具，如图 3-10 所示，在钢笔工具的属性栏上单击"路径"按钮，如图 3-11

所示。

（7）在蓝色填充矩形上绘制圆滑的曲线，如图 3-12 所示。

（8）在绘制曲线的同时按"Alt"键来改变线条的方向，如图 3-13 所示。最终形成闭合曲线，如图 3-14 所示。

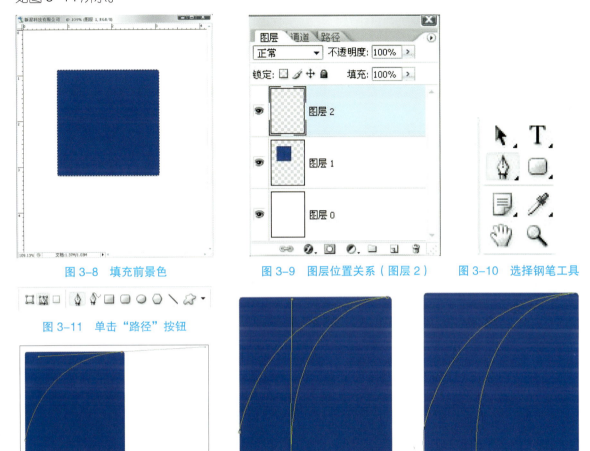

图 3-8　填充前景色　　　　图 3-9　图层位置关系（图层 2）　　　　图 3-10　选择钢笔工具

图 3-11　单击"路径"按钮

图 3-12　绘制圆滑的曲线　　　图 3-13　改变线条方向　　　图 3-14　形成闭合曲线

（9）按"Ctrl+Enter"组合键将路径转换成选区，如图 3-15 所示。在选区内填充白色，如图 3-16 所示。

图 3-15　将路径转换成选区　　　　　　　图 3-16　填充白色

（10）新建图层 3，图层的位置关系如图 3-17 所示。选择工具箱中的自定形状工具，如图 3-18 所示。

（11）设置自定形状工具的属性栏，参数如图 3-19 所示。

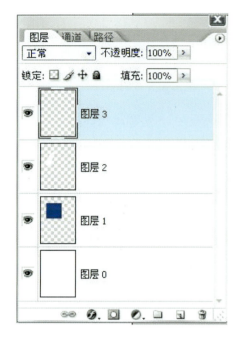

图 3-17　图层位置关系（图层 3）

图 3-18　选择自定形状工具

图 3-19　设置自定形状工具属性栏

（12）在相应的位置绘制星形，如图 3-20 所示；将星形转换成选区，用蓝色填充，如图 3-21 所示；添加文字"新星科技有限公司"，设置字体为黑体，字号自定义，输入其他文字并处理，效果如图 3-22 所示。

图 3-20　绘制星形

图 3-21　将星形转换成选区并填充

图 3-22　添加文字并处理

3.3　优秀作品欣赏

优秀作品如图 3-23 所示，供大家欣赏。

图 3-23 优秀标志设计作品

思考与练习

（1）以小博士儿童医院为主题设计标志，标志要体现医院的整体形象。

标志设计要求：

①标志造型要合理，要很好地诠释医院救死扶伤的经营理念，要体现儿童医院的全体医护人员全心为患病儿童解除病痛的精神；

②颜色要协调统一，整体要整洁、清新，能给小患者及家长留下深刻的印象；

③标志设计能便于 VI 设计的继续开展，与医院的整体和谐统一。

（2）以传媒学院为设计主题设计标志，标志要体现学院的整体形象及师生的精神风貌。

标志设计要求：

①标志要造型合理，能很好地诠释学院的办学理念，要体现学院全体教职员工全心服务学生的精神；

②颜色要庄重、和谐；

③标志设计要便于 VI 设计的继续开展，与学院的整体和谐统一。

Advertising Design and Production

第 4 章
电视广告

4.1 电视广告概述

4.1.1 电视广告的概念

电视广告是一种以电视为媒体的广告，是电子广告的一种。它兼有视听效果，运用语言、声音、文字、图像、动作、表演等综合手段进行信息传播。

电视广告是一种视听双重艺术，一则成功的电视广告，首先要在视觉形象上给人以强烈的刺激，才能让人留下深刻的印象。它往往运用夸张的形象刺激消费者的感官，以达到激发消费者浅层物质需求和深层精神需求的目的。

4.1.2 电视广告的发布形式

发布形式是电视台为客户提供播放广告的一种方式，也是电视台广告的经营项目和内容。为了让客户更好地选择自己广告的播出时间，达到良好的广告效果，电视台制作了不同的电视广告发布形式供广告客户选择。电视广告发布的主要形式有以下几种。

1. 特约播映广告

特约播映广告是指电视台为广告客户提供特定的广告播出时间，客户通过订购广告时间，把自己产品的广告在指定的电视节目的前、中、后播出的一种广告方式。

2. 普通广告

普通广告是指电视台在每天的播出时间里划定几个时间段，供客户播放广告的一种方式。

3. 经济信息广告

经济信息广告是电视台专门为工商企业设置一段广告时间，让其进行产品推广、产品鉴定、产品质量咨询、产品联展联销等活动，也为企业和其他单位提供开业等方面的宣传服务。

4. 直销广告

直销广告是指电视台为客户专门设置的广告时间段，电视台利用这个时间段专门向广大观众介绍某一厂家或企业生产的产品。

5. 文字广告

文字广告只是在电视屏幕上打出文字并配上声音的一种最简单的广告播放方式。

6. 公益广告

公益广告是一种免费的广告,主要是由电视台根据各个时期的中心任务,制作播出一些具有宣扬社会公德、树立良好社会风尚的广告。

4.1.3 电视广告的类型

电视广告结构的形式体现了广告的整体创意。在选择电视广告片型时,要注意结构形式要符合广告创意的要求,符合广告产品的诉求点,要明确广告的主题思想对产品的宣传有利,能被观众接受。

1. 新闻报道型广告

新闻报道型广告是运用新闻报道的形式,以纪实的手法把有新闻价值的商品信息记录下来,通过电视进行广告宣传的一种方式。

2. 示范证明型广告

示范证明型广告主要是通过名人、专家和产品使用者去说明和验证广告产品的功能和优点,产品能给消费者带来什么好处的广告。示范证明型广告分为引证式和名人推荐式。

3. 悬念问答型广告

悬念问答型广告是由一个疑问者提出问题,再由一个人回答问题的广告。

4. 生活片段情感型广告

生活片段情感型广告是把人们在日常生活中对某种商品的谈论和评价的事实,通过电视技术把其中的一部分加以艺术加工并再现于电视屏幕的一种广告。

5. 气氛型广告

气氛型广告是通过一个特定的场所、特定的事物来营造生活和人的情感氛围的广告。

4.1.4 电视广告的优点

电视广告的优点如下:
①可信度高;②面向大众,覆盖面大;③贴近生活,是重要的消费环节;④是感性型媒体,综合表现能力强,具有冲击力和感染力;⑤能够塑造品牌形象;⑥能快速推广产品;⑦能迅速提升知名度;⑧能赋予产品情感、文化、品位等非同质化特征;⑨能增加产品的亲和力。

4.2 公益电视广告

4.2.1 公益广告的概念

公益广告是以为公众谋利益和提高福利待遇为目的而设计的广告；是企业或社会团体向消费者阐明其对社会的功能和责任，表明自己追求的不仅仅是经济利益，还包括参与解决社会问题这一意图的广告。它是指不以赢利为目的，而以为社会公众切身利益和社会风尚服务为目的的广告。它具有社会的效益性、主题的现实性和表现的号召性三大特点。

4.2.2 公益广告的设计理念

理念，idea，指思想、观念，转义为灵魂所见的东西。

初始含义——来源于感性认识，具有非常丰富的含义，是抽象化概念所无法表达的。因此，有的学者主张将这一概念译为"相"是很有道理的。它的基本含义之一就是"由一种特殊性质所表明的类"，是超越个别事物并作为其存在根据的实在。

现代含义——概念被逐渐抽象化了，含义变窄，但却往不同层面发展。

公益广告设计理念——不以赢利为目的的广告，如政府部门、事业单位乃至个人的各种公告、启事、声明等，主要目的是推广。

公益广告是社会公益事业的一个重要组成部分。与其他广告相比，公益广告具有相当特别的社会性，这是企业愿意做公益广告的一个因素。公益广告的主题具有社会性，其主题内容存在深厚的社会基础。它取材于老百姓日常生活中的酸甜苦辣和喜怒哀乐，并运用相应的广告手段以不可更改的方式、鲜明的立场及健康的方法来正确引导社会公众。公益广告的诉求对象是广泛的，它是面向全体社会公众的一种信息传播方式。所以说，公益广告拥有广泛的广告受众。从内容上来看，公益广告大都是社会性题材，它解决的基本上都是社会问题，这就更容易引起公众的共鸣。因此，公益广告容易深入人心，企业做这样的广告更容易得到公众的认可。

4.2.3 公益电视广告的创作过程

创意是决定电视广告好坏的重要因素，一个毫无创意的广告不会引起人们的注意，广告效果也将微乎其微。广告创意，是指广告工作者在孕育广告文稿时的构思，根据广告的意愿和广告文稿的主旨，在进行一系列市场调查、消费者心理研究等工作后，经过一番精心思考和策划，最后塑造成商品或劳务的形象或意念的全过程。

1. 创意

创意是广告内容的总体思路，它是艺术地传达广告信息的方式。优秀的创意具有原创性，同时又有与宣传对象的关联性，它能引起观众的兴趣，产生视觉、听觉及心理的冲击，形成记忆，并最终产生一定的社会影响。

2. 制作

一则电视广告，在创意完成后，就进入了执行阶段，也就是制作阶段。它是组织相关人员，使用相关技术设备，对创意加以实施，进行再创造，最终形成符合标准的磁介质或其他介质的过程。

3. 发布

当电视广告制作完成后，客户就可以将母带交由发布单位进行发布了。发布单位可以是电视台、代理的广告公司、随片广告代理商或其他媒体出版发行单位。

为了最大限度地发挥电视广告的宣传效果，要根据产品的销售特点和目标消费群的收视取向，对发布的媒体单位、时段、持续时间、频率、发布方式等进行选择。对于较大数量的发布业务，须对发布单位进行有效监督，可以委托专门的广告监播单位进行监播。为了了解电视广告的宣传效果，可委托专门的调查机构进行抽样调查。

4.2.4 公益电视广告《信心》的创意与制作

1.《信心》创意

2008年以来，我国南方部分地区遭受了冰冻、水灾和地震等自然灾害，党和政府带领全国人民万众一心、众志成城，克服重重困难，战胜了一个又一个困难。公益广告《信心》就是在这样的社会背景下产生的，通过全国人民团结一心抵御自然灾害的真实场面，揭示了只要有党和政府的正确领导，全国人民万众一心，就没有克服不了的困难，我们就有信心建设美好的家园。

2.《信心》脚本与制作

公益广告《信心》共有13个镜头，分别采用不同景别、不同时间进行拍摄，运用蒙太奇理论组接成完整的公益广告片。《信心》分镜头脚本及各镜头典型画面，如图4-1至图4-13所示。

3. 影片分析

该片用具有一定节奏感的音乐做衬托，突出了人们对创造美好生活的急切心理和坚定信心。片子前部分一直采用黑白色调，表现出创作者对遭受灾害的人们的同情，对镜头12在广场上休闲、漫步的人们没做技术处理，更能表现出对生活的信心。

图 4-1　镜头 1

中景、固定拍摄、手术室外焦急等待的病人家属。字幕：这一刻有家人的祈祷。画面时间：1 秒 10 帧。

图 4-2　镜头 2

小全景、固定拍摄、地震废墟上挖掘机工作忙碌的场面。画面时间：1 秒 20 帧。

图 4-3　镜头 3

小全景、固定拍摄、地震废墟上忙碌工作的人们。字幕：这一刻有挥洒的汗水。画面时间：2 秒 24 帧。

图 4-4　镜头 4

全景、固定拍摄、街上捡拾垃圾的老妇人。画面时间：2 秒 15 帧。

图 4-5　镜头 5

中景、跟踪拍摄、沿街乞讨的老妇人。字幕：这一刻有他们的艰难。画面时间：2 秒 14 帧。

图 4-6　镜头 6

中景、跟踪拍摄、家人陪伴坐在轮椅上的老人一起在公园里。字幕：这一刻有相互的守候。画面时间：3 秒 0 帧。

图 4-7　镜头 7

全景、固定拍摄、从地震废墟中抢救出的小男孩。画面时间：1 秒 15 帧。

图 4-8　镜头 8

小全景、固定拍摄、大街上欢呼的人群。字幕：这一刻有共同的努力。画面时间：1 秒 14 帧。

图 4-9　镜头 9

小全景、固定拍摄、室外运动的人们。画面时间：1 秒 11 帧。

图 4-10　镜头 10

小全景、固定拍摄、室外运动的人们。字幕：这一刻有夕阳的美丽。画面时间：3 秒 2 帧。

图 4-11　镜头 11

小全景、跟踪拍摄、室外广场上拿着气球和鸽子玩耍的小男孩，鸽子展翅飞翔的画面。字幕：这一刻有飞翔的梦想。画面时间：3 秒 3 帧。

图 4-12　镜头 12

小全景、固定拍摄、广场上悠闲的人们。画面时间：2 秒 18 帧。

图 4-13　镜头 13

黑屏。字幕：每一刻我们都有生活的信心。画面时间：1 秒 1 帧。

4.3　商业电视广告

4.3.1　商业电视广告的创意

好的电视广告创意应该是没有画外解说、对话或画外解说、对话极少，用画面和音乐来讲故事的创意。电视广告与平面广告、广播广告最大的不同就是使用的叙事语言不一样。电视广告的叙事语言是视听语言，也就是电影的叙事语言。学会用视听语言思维，学会用视听语言构思创意，才能有好的电视广告创意。这里需强调，视听语言的"视"不仅仅是指漂亮的画面，"听"也不仅仅是画外解说或人物对白，对于电视广告来说，"听"甚至不是解说或对白。

好的电视广告创意不需要大场面、大制作，它们以创意本身吸引观众的眼球，而不是靠让人眼花缭乱的高成本制作的画面吸引观众。好的电视广告以极低的预算拍摄制作，但能准确地传达出产品信息，得到"四两拨千斤"的效果。

创意好的广告不靠频率播出让观众记住，只要创意足够好，就会引发收视人群的"口碑效应"，给人深刻印象的同时，靠人际传播，一传十、十传百，最后广为人知，不仅可以省下数额不菲的投放费用，还能达到好的传播效果。

好的电视广告创意简单、直接，同时又令人信服。

好的广告创意富有幽默感。创意有幽默感的广告既需要想象力，又需要合乎情理的适度夸张。

4.3.2　商业电视广告脚本

1. 电视广告脚本的含义

电视广告脚本即电视广告文案，是电视广告创意的文字表达，是体现广告主题、塑造广告形象、传播信息内容的语言文字说明，是广告创意（构思）的具体体现，也是摄制电视广告的基础和蓝图。

电视广告脚本是现代广告写作的重要组成部分，但又与平面广告写作有明显的区别。它不直接与读者见面，不是最后的形式，只是导演进行再创作的详细计划、文字说明或蓝图。但是，它是电视广告作品形成的基础和前提，因此，它对未来广告作品的质量和传播效果具有举足轻重的作用。

2. 电视广告脚本的内容与形式

电视广告脚本的构成包括脚本内容和脚本形式。

脚本内容就是广告创作者（编剧）按照广告主的意图，所要传达的商品、服务或企业信息，以及创作者对这些信息的认识、评价或主观意念（观念、主张、希望等）进行创作的。它是主客观的统一，因此构成内容的基本要素是素材（信息）和主题。

电视广告脚本的形式是由内容决定的。创作者要把信息内容传达出来，必须通过创意、构思，并借助于一定的结构形式和表现手段，通过语言文字表达出来，这即是电视广告脚本的形成要素。它是内容的外在表现，包括结构形式、表达方式（技巧）和语言（解说词）等。

3. 电视广告脚本的种类

电视广告脚本包括既连续又相互独立的两种类型。

（1）文学脚本：分镜头脚本的基础，由文案人员撰写。

（2）分镜头脚本：对文学脚本的分切与再创作，由导演完成。

4.3.3　商业电视广告制作

1. 电视广告制作方式

电视广告内容的要求，决定了应该在演播室拍摄还是在现场进行拍摄。根据电视广告的创意要求和广告片结构形式的不同，策划制作人需要在多种制作方式中进行选择，也可以采用现场与室内两种拍摄方式相互结合的方法进行制作。

广告片的制作方式有现场拍摄、室内拍摄和电脑绘画等三种方式，这三种方式是目前广告片制作普遍选用的方式。

（1）现场拍摄制作方式。现场拍摄制作方式是由广告制作人员直接携带摄像设备到现场把广告内容拍摄下来，经剪接即可播出的一种广告制作方式。

（2）室内拍摄制作方式。这种拍摄制作方式是广告制作人员根据创意要求，需要置景和做造型设计的广告拍摄方式。

（3）电脑绘画制作方式。这种广告制作方式是由广告创作人员向电脑编程人员提供广告创意和广告效果图，电脑编程人员通过计算机编制程序，绘制广告画面的一种广告制作方式。

2. 电视广告歌曲

电视广告歌曲是电视广告常用的表现手法，又叫唱的广告，是广告上的宣传歌曲。它基本上是一种歌谣，不同于电影插曲，不要求多样化与高技巧，只要求能上口、易学易记、曲调活泼、歌词简短。广告歌曲创作的目的，是以优美的旋律和独特的音色，加深人们对商品特点的认识、记忆和联想，从而促进销售。电视广告歌曲分为直接型和间接型两种。直接型广告歌曲的歌词中含有企业的名称或产品的品牌等内容。间接型广告歌曲同一般歌曲的特征相似，甚至就选用某一流行的歌曲。电视广告歌曲的特点是广泛性、传播性、煽动性、亲近性、联想性、再生性等（由广告歌曲引发记忆，再生出商品形象）。

3. 电视广告画面

电视广告画面是指电视广告中的每一个摄影构图。它既是单个镜头图像和瞬间图像的名称，也是整个电视广告图像的名称。电视广告画面由反映图像的电信号发送出来，诉诸观众的视觉。电视广告画面有具体、鲜明、准确、写实、动作连续、蒙太奇组接等特征。画面的构图和造型是一种学问，最佳的电视广告画面既能给观众以视觉上的享受，又能对广告产品产生最佳的表现作用。

4. 电视广告主题

电视广告主题是一则电视广告所要传达的核心信息，也就是电视广告"说什么"。主题像一条线一样贯穿在整个广告之中，它使电视广告的各个要素有机、和谐地组成完整的广告作品。同时，主题也是广告表现的基础，具有支持整个电视广告的力量。所谓主题，是可以作为基础或中心的创意，以此创意为核心来组织电视广告的素材。由此看来，在一则成功的广告作品中，影像、音乐、演员、色彩等表现因素，不过是主题的包装而已。电视广告主题要求准确、鲜明、独特、统一、易懂、易记。

5. 电视广告摄影

电视广告摄影是通过摄影机获得与广告有关物体运动影像的过程。电视广告摄影作为一种记录手段，能够在时间和空间上最大限度地真实再现产品的物理特征和运动形态，又可以通过光线、色彩、构图、运动的把握和处理，创造出艺术的效果。

6. 电视广告字幕

电视广告字幕是电视广告画面上显示的文字。它可以叠印在画面上，也可以出现在单色的衬底上。电视广告字幕主要用来扩大表意范围，对广告画面起说明、补充、强调、概括等作用。根据不同的制作方式，电视广告字幕可分为：

（1）拍摄字幕，用摄像机对手写的字幕进行拍摄，这种方法获得的是静态字幕；

（2）特技字幕，用电子特技机制作的字幕，这种字幕可以表现出二维运动的形态，如扩大、缩小、移动等；

（3）电脑字幕，用电脑字幕机或计算机动画机制作的字幕，这种字幕可以表现出三维立体的运动形态。字幕要求文字规范，语言精练，简洁醒目。字幕在画面中的位置要适当，富有变化，成为画面构图的有机组成部分。

7. 电视广告特技

电视广告特技是电视广告制作的一种重要手段。随着科学技术的发展，电视广告制作可以在后期编辑过程中，对所拍摄的图像进行放大、缩小、转换等处理，甚至可以为电视广告画面制作拉伸、压缩、扭曲、分割、运动、变色等各种各样神奇的特技效果。这些特技效果统称为电视广告特技。适当地使用特技效果，有利于增强广告的吸引力，对理解和丰富画面信息十分有利，但是在使用电视广告特技时一定要有明确的意图，不能仅为了新奇而运用，那样会使人在眼花缭乱之中失去视觉重点，不知画面在表现什么。另外，特技效果不能代替内容本身，它只能改变某种视觉效果。目前，电视广告特技在电视广告制作中运用得相当普遍，但只有把特技效果与人眼的视觉感受和内心情感紧密相连，特技才能成功。

8. 标版

电视广告的最后几秒时间，一般用来推出广告产品的名称、企业集团名称或广告口号等重要内容，这样的电视广告画面被称为标版。标版可以用来突出产品和企业的形象，强调诉求重点，加深消费者对广告的记忆，是电视广告片的点睛之笔。

9. 制作流程

（1）与客户沟通，为广告主提供最符合需求的制作方案，并附报价说明；

（2）签订合同，确定制作方案并签字，支付预付款，项目启动；

（3）确定拍摄时间，进行前期拍摄；

（4）进行后期剪辑制作，配音、特效合成；

（5）与客户一起观看第一版样稿，提出修改意见；

（6）按客户要求进行修改，预约第二次看片时间；

（7）成片确认，提供全套播出带，支付合同尾款；

（8）制片组为客户做完整的后续服务登记。

4.3.4 《皇宫御膳》创意与制作

1. 创意

创意是广告效果的关键，电视广告《皇宫御膳》是为皇宫御膳酒店创作的宣传广告，主要宣传酒店就餐环境的优雅、菜肴烹制的美味，进而招揽天下宾客体验皇帝般的就餐环境。因此要从酒店入手设计该广告：首先展示酒店的标识，然后介绍酒店的内部装饰和环境，再介绍酒店的周围环境，接着介绍酒店的各种美味佳肴，最后打出皇宫御膳酒店的地址和订餐电话等。

2. 电视脚本创作

电视脚本创作如表 4-1 所示。

表 4-1 电视脚本创作

镜号	景别	运动组接	画面内容	解说词	长度	音乐
1	全景	固定	《皇宫御膳》宣传片标识	—	2秒7帧	有
2	特写	固定	在皇宫内行走的宫女脚部	—	2秒12帧	有
3	特写	固定	在皇宫内行走的宫女手中拿着手帕	—	2秒0帧	有
4	小全	固定	皇宫内太监手拿蝇甩子，宫女两侧静候	—	2秒23帧	有
5	全景	左前方固定拍摄	皇宫御膳酒店正门	傲然雄居，天子龙脉，奢华典藏，王者气概，皇宫御膳。	3秒7帧	无
6	小全	平摄、推镜头	两位宫女打开宫门，呈现出转动桌子上丰盛的御膳		3秒8帧	无
7	特写	固定、俯拍	转动的桌子上一道佳肴的特写	独步春城，尽领风骚，让每一位贵宾感受皇家荣耀。	4秒17帧	无
8	小全	仰拍、从上摇到下	从豪华吊灯摇到桌面，背景装饰奢华		7秒10帧	无
9	近景	固定、俯拍	一位宫女弹奏古筝，手及古筝的近景	人面桃花，风情万种。琴韵悠扬，鸾凤和鸣。	2秒4帧	古筝
10	近景	固定	宫内茶具，向茶杯内倒水		1秒24帧	古筝
11	特写	推至中景	宫女弹奏古筝		3秒19帧	古筝
12	中景	旋转摇	棚顶灯光及装饰的豪华画面	雍容华贵，富丽堂皇。与贵族时尚珠联璧合，交相辉映。	3秒21帧	古筝
13	近景	固定	桌上摆放整齐的餐具		1秒10帧	古筝
14	近景	固定	桌上筷子、汤匙		1秒6帧	古筝
15	近景	固定	坐着的威武雄师雕像		1秒22帧	古筝
16	中景	推至特写	棚顶吊灯	俯仰之间赏金碧辉煌，美轮美奂。	5秒20帧	古筝
17	中景	从上摇到下	棚顶装饰快摇到桌面		2秒22帧	古筝
18	中景	平摇	室内装饰		1秒22帧	古筝
19	小全	固定	御马场里在吃草的两匹马	信步华亭，品温馨萦绕，暗香浮动，御马场、御花园，皇宫景色，赏心悦目。	2秒7帧	古筝
20	全景	固定	正在吃绿草的马		1秒17帧	古筝
21	特写	中景推特写	御花园里各种花草树木		3秒10帧	古筝
22	特写	固定	手拿高尔夫球	高尔夫练球场，贵族运动，怡然畅爽。	2秒11帧	古筝
23	近景	固定	挥杆打球的高尔夫运动员		2秒12帧	古筝
24	中景	左摇	室内摆设：沙发、茶几等		2秒20帧	古筝
25	全景	右摇	龙椅等室内装饰		2秒16帧	古筝
26	近景	焦点变换	龙椅后背景龙图案		2秒2帧	古筝
27	全景	固定	桌上一道丰盛的烤鸭	品天下佳肴，满汉全席，皇宫御膳，气象万千。	3秒0帧	古筝
28	全景	慢摇	一桌丰盛的满汉全席		4秒19帧	古筝
29	近景	慢摇	酒具、茶具		3秒1帧	古筝

续表

镜号	景别	运动组接	画面内容	解说词	长度	音乐
30	近景	固定	厨房里，厨师正在炒菜	食不厌精，脍不厌细，成天下一品。	1秒19帧	古筝
31	近景	固定	厨师正在灶台前炒菜		1秒12帧	古筝
32	近景	固定	向上滚动样菜图片	荣誉主理，皇室精品菜肴，采用皇家一品原料，精心烹制，缔造美食经典与极致尊贵的盛宴。	12秒6帧	古筝
33	全景	固定	一桌丰盛的美味佳肴		5秒11帧	古筝
34	全景	固定	皇宫内宫女走着整齐的步子		2秒3帧	古筝
35	中景	固定	皇宫御膳酒店正门	皇宫御宴，皇宫里的宴会厅，皇宫御膳，一个城市的邀请。	5秒3帧	古筝
36	片尾			地址：光明路3号；热线电话：58587777 ／ 66669999	7秒1帧	古筝

3. 作品鉴赏

图4-14至图4-27为广告片《皇宫御膳》部分镜头的截图，通过分镜头脚本和实地拍摄分镜头画面相结合，为广大读者提供广告片拍摄的方法和技巧。

图4-14　镜头4

小全景固定拍摄。时间：2秒23帧。

图4-15　镜头6

小全景平摄、推镜头。时间：3秒8帧。

图4-16　镜头6

小全景平摄、推镜头。时间：3秒8帧。

图4-17　镜头8

小全景仰拍、从上摇到下。时间：7秒10帧。

图 4-18　镜头 9

近景、固定、俯拍。时间：2 秒 4 帧。

图 4-19　镜头 11

近景推至特写。时间：3 秒 19 帧。

图 4-20　镜头 18

中景、平摇。时间：1 秒 22 帧。

图 4-21　镜头 19

小全景固定拍摄。时间：2 秒 7 帧。

图 4-22　镜头 21

特写。时间：3 秒 10 帧。

图 4-23　镜头 22

特写、固定拍摄。时间：2 秒 11 帧。

图 4-24　镜头 26

近景、焦点变换。时间：2 秒 2 帧。

图 4-25　镜头 26

近景、焦点变换。时间：2 秒 2 帧。

图 4-26　镜头 30

近景、固定拍摄。时间：1 秒 19 帧。

图 4-27　镜头 31

近景、固定拍摄。时间：1 秒 12 帧。

思考与练习

（1）什么是电视广告？
（2）电视广告的发布形式有哪些？
（3）电视广告有哪些主要类型？
（4）电视广告的优点是什么？
（5）公益电视广告的创作过程包括哪些方面？

Advertising Design and Production

第 5 章
卡 片 设 计

5.1 卡片基础

随着时代的发展,卡片广泛应用于各类商务活动中,它们在推销各类产品的同时还起着展示企业形象、宣传企业信息的作用。运用 CorelDRAW 和 Photoshop 软件,均可以方便快捷地设计各类卡片。

常用的卡片从材质上分类,可分为纸质卡、金属卡、PVC 塑胶卡等;从用途上分类,可分为电话卡、医疗卡、保险卡、充值卡、年历卡、贵宾卡、会员卡、上网游戏卡、质量保证卡、企业广告卡、服装吊牌卡、优惠卡等。

5.2 电话上网卡

5.2.1 电话上网卡效果图

电话上网卡效果图如图 5-1 所示。

图 5-1 电话上网卡效果图

5.2.2 电话上网卡制作步骤

（1）在 Photoshop CS2 中新建一个名为"电话上网卡"的 CMYK 颜色模式的图像文件，设置"宽度"和"高度"分别为 10.5 厘米和 7.5 厘米，分辨率为 300 像素/英寸，"背景内容"为"白色"，设置对话框如图 5-2 所示。

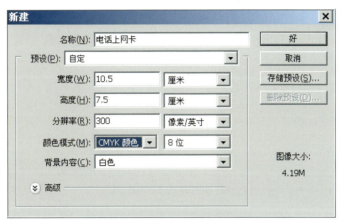

图 5-2 "新建"对话框

（2）在图层面板的底部单击"创建新的图层"按钮，创建图层 1。

（3）按"Ctrl+R"组合键打开标尺，用鼠标从水平标尺和垂直标尺上分别拖出两条参考线，位置为水平 1 厘米、6.5 厘米，垂直 1 厘米、9.5 厘米处，如图 5-3 所示。

图 5-3 拖出水平和垂直参考线

> 说明：
>
> 四条参考线包含的区域是卡的大小，即卡宽度为 8.5 厘米，高度为 5.5 厘米。一般生活中常用的卡都是这个尺寸规格的。

（4）在英文输入法状态下，按"U"键选择形状工具后，单击鼠标右键，选取工具组中的圆角矩形工具，如图 5-4 所示，在其属性栏中单击"路径"按钮，并设置"半径"为 35 像素。然后在图像编辑窗口中的左上角单击并向右下角拖动鼠标，绘制出一个圆角矩形路径，如图 5-5

所示。

（5）单击路径面板下方的"将路径作为选区载入"按钮，将圆角矩形路径转换为选区。

（6）按"G"键选取工具箱中的渐变工具，在其属性栏中单击"线性渐变"按钮，设置渐变矩形条下方的三个色标，从左至右 CMYK 的参数值分别为（15%、25%、80%、0%）、（1%、1%、40%、0%）和（15%、25%、80%、0%），按住"Shift"键的同时，在图像编辑窗口的选区左下角单击并向右上角拖动鼠标，填充渐变色，然后按"Ctrl+D"组合键取消选区，效果如图 5-6 所示。

图 5-4　选取圆角矩形工具并设置其属性栏

图 5-5　绘制圆角矩形路径

图 5-6　路径转换为选区后填充渐变色

（7）为把卡身衬托得更加清晰，建议将背景色改为黑色。

（8）新建图层2，按"Ctrl"键的同时单击图层1，将图层1的选区载入，在选区中从左下向右上填充黑白渐变，然后将该图层的图层混合模式设为"滤色"，取消选区，如图 5-7 所示。

图 5-7　图层效果和工作区效果

（9）新建图层，绘制椭圆选区，选择径向渐变，设置渐变矩形条下方的两个色标，从左至右 CMYK 的参数值分别为（5%、0%、20%、0%）和（16%、0%、90%、0%），然后从中心沿半径方向拖动鼠标，填充渐变色，按"Ctrl+D"组合键取消选区，调整椭圆位置，载入图层 1 选区，将卡外部分删除，效果如图 5-8 所示。

（10）在该图层的图层面板下方单击"添加图层样式"，选择"投影"设置投影样式，参数"距离"改为 2 像素，"大小"为 20 像素，然后在该图层面板上将"不透明度"设为 70%，效果如图 5-9 所示。

图 5-8　填充径向渐变后的椭圆选区

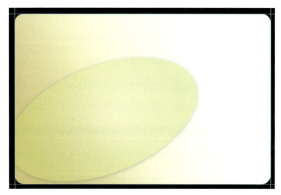

图 5-9　设置图层样式及不透明度效果

（11）按以上方法再次绘制（也可以复制）两个椭圆，填充径向渐变色，分别设置图层样式中的投影效果，并将其不透明度分别设为 20%、25%，调整位置后效果如图 5-10 所示。

（12）打开素材"网络 e 线通"，选择移动工具将"字母 e"图层拖入电话上网卡文件中，调整字母 e 的大小及位置后如图 5-11 所示。

图 5-10　绘制并设置其他椭圆效果

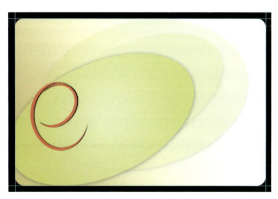

图 5-11　移入字母 e 素材图片

> **说明：**
>
> 素材中字母 e 的效果读者可自行绘制，主要是利用椭圆选区填充后变换大小再删除的方法实现的，这种选区运算的方法也可制作其他字母效果，在标识设计制作过程中被广泛应用。

（13）激活"字母 e"图层，按"Ctrl"键，并单击该图层面板将其作为选区载入，然后执行"Ctrl+C"组合键、"Ctrl+V"组合键、"Ctrl+T"组合键，在属性栏中将自由变换的水平缩放和垂直缩放都设为 80%，旋转角度为 10 度（见图 5-12），并将复制的图层向右上方移动位置后按回车键确定操作，如图 5-13 所示。

※ X: 666.0 像素　Y: 333.2 像素　W: 80%　H: 80.0%　∠ 10.0 度　H: 0.0 度　V: 0.0 度

图 5-12　自由变换属性栏参数设置

📖 **说明：**

在 Photoshop CS 中，当执行"Ctrl+C""Ctrl+V""Ctrl+T"后，如果再次按下"Ctrl+Alt+Shift"并同时按"T"键将执行的是智能复制，也就是说，重复执行"Ctrl+C"那一步操作以后的步骤。

如果载入原图层的选区后再执行智能复制操作，那么所有的粘贴效果将放于同一图层。

（14）重新激活第一个"字母 e"的图层后，再次载入其选区，然后同时按下"Ctrl+Alt+Shift"组合键后再按"T"键四次，这样将按上面的方式智能复制出四个"字母 e"，效果如图 5-14 所示。

图 5-13　复制并变换字母 e 后的效果　　　　图 5-14　智能复制"e"后的效果

（15）将智能复制后的"字母 e"图层的图层混合模式设置为"亮光"，效果如图 5-15 所示。

（16）选择文字工具，输入广告词"无限永伴"，字体为经典圆叠黑，字号为 25 点，CMYK 色彩值（20%、100%、100%、0%）为暗红色，可适当调整其不透明度，使其与背景协调，并设置图层样式投影的效果，如图 5-16 所示。

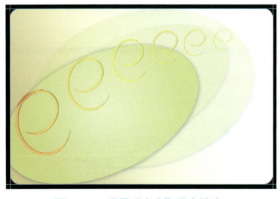

图 5-15　设置"亮光"混合模式　　　　图 5-16　输入广告词文字并设置

（17）打开素材文件夹中的"中国移动通信"标志，将其移入电话上网卡文件中，调整大小并放置在合适位置。

（18）选择文字工具，输入其他文字，字体任意，分别为这些文字图层设置图层样式描边、投影等，调整后效果如图 5-17 所示。

图 5-17 文字输入完成效果图

（19）打开背景图片，将文件"电话上网卡"中除背景层外的其他图层合并后，拖入背景层中，并复制另外两层，对复制的两层分别执行"图像">"调整">"色相/饱和度"，在"色相/饱和度"对话框中将编辑范围设为"黄色"，如图 5-18 所示。

（20）在色相条上，拖移滑块可将卡的颜色变为其他颜色，然后调整亮度和对比度，对色彩进行校正，最终效果如图 5-19 所示。

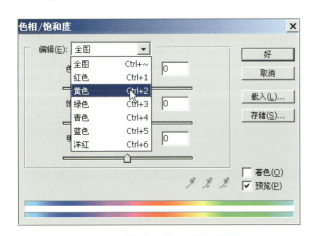

图 5-18 "色相/饱和度"对话框

图 5-19 电话上网卡最终效果图

5.3 贵 宾 卡

5.3.1 人美健身休闲馆贵宾卡效果图

人美健身休闲馆贵宾卡效果图如图 5-20 所示。

图 5-20　人美健身休闲馆贵宾卡效果图

5.3.2　人美健身休闲馆贵宾卡制作步骤

人美健身休闲馆贵宾卡制作步骤如下。

（1）前五个步骤同 5.2 节电话上网卡的操作步骤。

（2）设置前景色为浅粉色，CMYK 的参数值为（0%、25%、0%、0%），将图层 1 中的圆角矩形路径转换为选区后，按"Alt+Delete"组合键填充前景色，按"Ctrl+D"组合键取消选区，如图 5-21 所示。

（3）按"P"键切换到钢笔工具，在其属性栏中单击"路径"按钮，绘制图 5-22 所示的路径。

图 5-21　填充浅粉色的圆角矩形

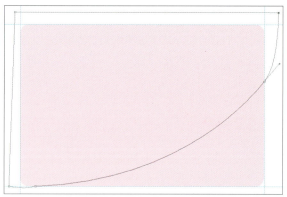

图 5-22　利用钢笔工具绘制路径

（4）在路径面板中单击"将路径作为选区载入"按钮，回到图层面板中新建图层 2，设置前景色为粉色，CMYK 的参数值为（0%、80%、0%、0%），按"Alt+Delete"组合键填充前景色。

（5）新建图层3，按"M"键切换到选框工具，按光标移动键将上一步骤中的选区向左上方移动到适当位置后，设置前景色为洋红色，CMYK的参数值为（0%、100%、0%、0%），再次对选区填色，按"Ctrl+D"组合键取消选区，效果如图5-23所示。

（6）按"Ctrl"键的同时单击图层1，将圆角矩形选区载入后，按"Ctrl+Shift+I"组合键对选区反向选择后，激活图层2，按"Delete"键，然后激活图层3，按"Delete"键，这样便将超出圆角矩形选区的部分删除了，效果如图5-24所示。

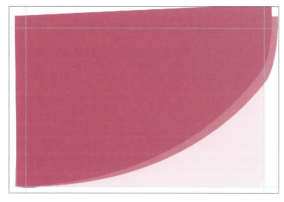

图5-23　对选区填充洋红色的效果

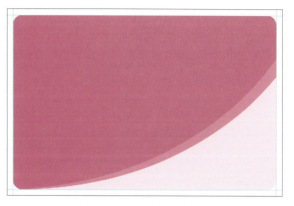

图5-24　删除圆角矩形以外的部分

（7）设置前景色为白色，选择文字工具，输入"VIP"，字号为120点，字体为宋体。在图层面板上单击右键，选择"栅格化文本"，用矩形选框工具分别选中每个字母，调整字母的位置，然后在图层面板中将不透明度设为25%，并设置图层样式"投影"，效果如图5-25所示。

（8）新建图层，绘制一个窄条的矩形，并填充黄色。取消选择后，用单行选框工具选取小矩形的下边并描2像素的黑边，将超出圆角矩形的多余部分删除，效果如图5-26所示。

图5-25　设置文字不透明度和投影效果

图5-26　添加黄色矩形条并描边效果

（9）利用矩形选框工具将图层2和图层3中超出黄色矩形条下边的洋红色删除。

（10）选择钢笔工具，绘制并调整出花瓣形闭合路径，如图5-27所示。

（11）用路径选择工具选取路径后按"Ctrl+C"组合键、"Ctrl+V"组合键、"Ctrl+T"组合键，调整变换中心，如图5-28所示。将花瓣路径沿中心旋转一定角度后，用智能复制功能重复这一操作，得到图5-29所示的效果。

  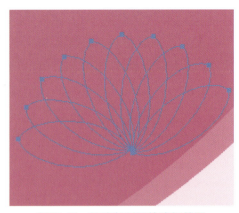

图 5-27　花瓣形闭合路径　　　图 5-28　调整变换中心　　　图 5-29　智能复制后的路径效果

（12）新建图层，设置前景色为白色，选择画笔工具，设置画笔为 1 像素。用路径选择工具全选路径后，在路径面板下方单击"用画笔描边路径"按钮。再次新建图层，将前景色设为洋红色，再次描边路径。

（13）分别为两次描边路径的莲花形线条效果图层设置不同的不透明度，并调整到适当位置上，如图 5-30 所示。

图 5-30　描边后设置不透明度并调整位置效果

（14）选择文字工具，其属性栏设置如图 5-31 所示，输入"贵宾卡"，并设置斜面和浮雕（枕状）、颜色叠加、内发光、投影等图层样式，效果如图 5-32 所示。

图 5-31　"贵宾卡"文字属性设置

（15）输入其他文字并设置效果。

（16）打开素材文件夹，将"人美"标志移入文件中，调整大小及位置，"人美健身休闲馆"的字体为方正康体，字号为 12 点。为图层 1 设置图层样式投影效果，增加卡的立体感，最后效果如图 5-33 所示。

用户可在上例的基础上，打开或新建一幅背景图片，将制作好的贵宾卡图像置于打开的素材图像窗口中，复制几张，并调整色相和饱和度，制作出贵宾卡的综合效果，如图 5-20 所示。

卡片设计　第 5 章

图 5-32　"贵宾卡"文字效果

图 5-33　人美健身休闲馆贵宾卡效果图

> **说明：**
> 　　读者可自行绘制"人美"标志。此标志利用钢笔工具绘制"R"形图，并运用了选区删减的方法完成。

5.4　优秀作品欣赏

5.4.1　电话卡效果图

电话卡效果图如图 5-34 和图 5-35 所示。

图 5-34　电话磁卡

图 5-35　IP 电话磁卡

5.4.2　名片效果图

电话卡效果图如图 5-36 和图 5-37 所示。

59

图 5-36 横排不折叠名片效果　　　　　图 5-37 横排折叠名片效果

思考与练习

（1）设计一款校园电话卡（用 CorelDRAW 软件完成）。

要求：

① 在构图上要稳重，色彩协调统一，版式规范；

② 卡面设计要体现学校文化氛围；

③ 卡面上至少要有校标、面值、发行日期等文字信息。

（2）设计一款个人名片（用 CorelDRAW 软件完成）。

要求：

① 设计公司标志图形；

② 名片版面简洁大方，一目了然，从左至右将名片持有人的姓名、职位及公司名称依次呈现；

③ 横排、竖排均可，但要求不折叠和折叠各一款。

（3）设计一套游戏卡。

Advertising Design and Production

第6章
电影广告

6.1 电影广告概述

6.1.1 电影广告的概念

随着中国电影市场的不断发展和成熟，被媒体和观众关注的电影必然越来越多，电影媒介与广告媒介相互作用产生了更大的广告市场能量。

广义上的电影广告是以电影与其他广告资源相结合为前提，通过创意设计和组织策划，实施品牌扩张的广告形式。

6.1.2 电影广告的表现形式

1. 电影植入广告

电影植入广告，就是把企业品牌元素自然而然地融入电影剧情当中，使其成为电影艺术不可分割的一部分，从而形成品牌的强大渗透力。有报道称，只有上座率在70%以上的影片才能吸引到电影广告，这也说明了电影植入广告的受众量是极为可观的。

美国全球品牌内容营销协会分会主席辛迪·开来普斯说：我们正从一个营销沟通的打扰时代进入一个植入的时代，而影视就是最好的载体。在电影广告这种声像俱有的广告媒介中，现场感较强，借助电影文化的丰富内涵和情感渗透，大大地提高了市场的亲和力。如成龙片中的三菱汽车广告，片中将三菱汽车与勇气和冒险联系在一起，在深化品牌影响力的基础上，获得丰富的品牌联想，最终赢得广泛的品牌认同与价值的提升。这种潜移默化的影响力正是赞助商梦寐以求的。

当然电影植入广告也有它的弱点，由于广告费用较高的缘故，其品牌适用范围较小，多数情况下只适用于知名品牌。

2. 电影贴片广告

电影贴片广告，是指将企业产品广告或企业形象广告与影片一同拷贝，在电影放映前播出的广告，也称随片广告。

随着数字化时代的来临，如今进影院看电影的常常是追求时尚、讲究品位、注重品牌、消费力强、具备良好教育背景的年轻人。对他们播放广告，既可以使广告实效突出，还能培养出大量潜在消费者。这是其他广告媒体无法媲美的优势。

电影贴片广告作为一种低价高效的广告形式，近年来发展迅速。它借助影院封闭的环境、清晰的的画面、立体音响、震撼的视听效果，保证了广告的最佳发布效果。另外，由于观众看电影贴片广告不像居家看电视广告一样可以随意走动或者调换频道，所以电影贴片广告到达率接近100%，使得观众观看电影广告干扰性少，专注程度高。

3. 电影冠名广告

电影冠名广告，是以企业或者品牌名称冠名，以实现企业宣传或营销互动的一种现代化电影广告形式。

它的优势在于：首先，能够为品牌拓宽市场，并拉拢更多的消费群体，使赞助企业得到最实质的利益增长；其次，电影冠名赞助随着每场次重复播放，能有效地提高企业的形象和产品品牌的知名度。

4. 电影包月广告

电影包月广告，是以影院或影厅一个月的常规放映场次为标准进行广告发布和媒介购买的一种现代电影广告形式。它的优点在于不受影片发行区域和影院分布地域的限制。只要有影片发行或者放映的地方，都可以做包月广告。缺点是：广告主不可以选择指定的放映时间和位置，对于观众群体的范围监控比较困难。

5. 电影营销传播广告

电影营销传播广告，是企业或品牌以电影为媒介通过社会资源整合，实现市场营销传播的一种现代电影广告形式。例如"2018凯迪拉克微博电影之夜"，就是大型的电影营销传播广告形式之一。它通过品牌效应、明星效应和群众效应，得到了最广泛的传播效果。

6. 电影授权广告

电影授权广告，是将电影著作、发行、放映、宣传、衍生物等无形资产，以有偿或互补的方式，部分或全部授让给企业或品牌做广告延伸发展的一种电影广告形式。

6.1.3 电影广告市场的分析

随着近年来电影市场的火爆，电影广告也越来越火热。电影广告将企业产品和形象广告与影片一同拷贝，在电影播放前进行播放。这就与传统的户外媒体和电视广告形成了鲜明的对比，比较之下电影广告优势明显，它有着极高的广告到达率，因此也倍受广告主喜欢。

消费者对于产品的服务和购买是一种心理活动，而电影正是作用于顾客的心理以促成购买意愿的一种媒介。在影片中广告既可作为情节道具出现，也可以作为场景出现，同时还可作为电影中的情节出现，给人以感同身受的体验，产生心理互动，从而对该产品或服务产生熟悉感、亲切感、认同感、消费欲望。因而，电影广告的最大价值体现在该媒介对受众影响力的深远上。

6.1.4 电影广告的优势

1. 广告到达率高

电影院观影的环境特殊，使得熄灯后观众只能面对电影屏幕，被动接受观看，但却成就了极高的广告到达率。播放的场次多,可以让宣传有足够的力度,同时能直接传达到准确的消费群体中。

2. 极强的期待心理

美国著名的心理学家分析过,电影的受众群体在看电影前具有十分迫切的心理,对电影本身是存在期待的,是主动、积极的信息接收过程,专注力很强,所以电影放映前的广告具有很强的穿透力和"三分钟效应"。

3. 广告品质震撼

三倍于电视画面的清晰度,并且在超高质量的影音效果的带入下,精良的电影广告更能突显商品的品质,使受众记忆深刻。

4. 广告形式多样

可以通过图像展示、活动冠名、文字介绍、悬挂横幅、气球广告、彩旗广告、散发传单、网站宣传等各种多样的广告形式,根据产品以及广告主的方案进行宣传。

6.2 电影海报

6.2.1 电影海报的目的

电影海报是为了影片的宣传、发行和放映所设计的一种具有告知目的的平面广告形式。电影海报的产生和发展是在继承商业海报的基础上伴随着电影的成长而逐步成熟的。

电影海报的目的是进行电影的信息传播,针对特定的受众目标,传达影片的最新信息,对促进影片的票房收入增长起到了良好的社会宣传效果。电影海报的信息传播具有更深厚的文化、艺术因素,因此传达给受众的信息要是准确、真实、可信、健康并富有视觉冲击力的。

6.2.2 电影海报的设计要素

人们对于电影最初的了解是通过电影海报来实现的,观者对于电影海报的感觉和印象也通常是在一瞬间完成的。因此,一张电影海报的成败完全可以影响观众观看影片的欲望。从设计角度来看,电影海报中的图形、文字、色彩这三大视觉要素就是电影海报设计成功的关键。

1. 图形

在电影海报中图形并不是指单一的几何图形,它所指的是形态,包括电影人物的形象。比如经典影片《七年之痒》的海报中,梦露在地铁口,白色裙摆随风飘起的形象。电影海报中的图形亦可以是场景中抽象的图形，能引起观者的好奇心，让其去慢慢地理解和品味影片中的内涵。图形既可以增加电影海报的吸引力，也可以使观众对影片的类型一目了然。

2. 文字

电影海报中文字的介绍主要包括影片的情节内容和剧组工作人员的信息。海报上文字的编排能表现出强烈的视觉效果，将影片的主题升华。

3. 色彩

正确地运用色彩能展现影片的主题色调。一般对于浪漫、清新类别的电影海报，影像通常只经过和缓的色调处理，或根本不做任何调整，就让影像去表现一切。色彩在这里扮演着极重要的角色——如果影像的色彩完全未予改变，或只是加强暖黄色调，那么电影就一定有一个快乐的结局。愈写实的色彩，愈常用在喜剧。同时，色彩也担任暗示时空背景的任务。如果影像以低彩度或高反差来呈现，那么就暗示着剧情悲惨、冲突的成分，最后多半以悲剧收场。所以要合理运用色调，这样可以增强观众对海报的注意力，更能突出海报的主题。

6.2.3 电影海报的类型

近年来突飞猛进的营销技术，也为电影海报带来了若干改变，其中最明显的就是单一海报的观念已经被打破。除了不同地区各有不同版本的海报以外，往往在电影拍摄前就有海报配合预告活动推出，其后于不同行销阶段再推出不同的造势海报。此外，有时同一部电影还会推出数种风格迥异的海报，同时兼顾艺术与商业的不同需求。

1. 预告海报

预告海报是在电影上映前做前期宣传用的。电影处在拍摄阶段或者准备阶段，所以大多数创意和场景并没有确定，因此无法透漏太多的影片信息，只是作为告知而进行宣传。预告海报通常会以影片名称、个别场景或者手绘元素进行设计。例如电影《爱国者日》（见图6-1）和《悟空传》（见图6-2）的预告海报。

2. 概念海报

概念海报重在塑造观众对影片的第一印象，它不仅传达了影片最重要的基本信息，也是各大片方绞尽脑汁、创意爆发的精彩之作。例如电影《玩家1号》（见图6-3）和《中国药神》（见图6-4）的概念海报。

3. 前导海报

前导海报大多是在影片发布会上发布的，通常会爆料影片中的一点精彩剧情，给观众留下悬念和猜测的空间。例如电影《战狼》（见图6-5）、《猩球崛起3》（见图6-6）、《八月：奥色治郡》（见图6-7）和《一切尽失》（见图6-8）的前导海报。

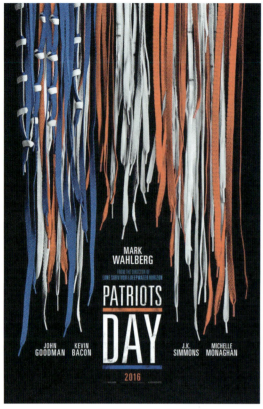

图 6-1 《爱国者日》预告海报

图 6-2 《悟空传》预告海报

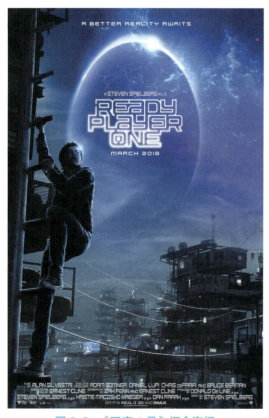

图 6-3 《玩家 1 号》概念海报

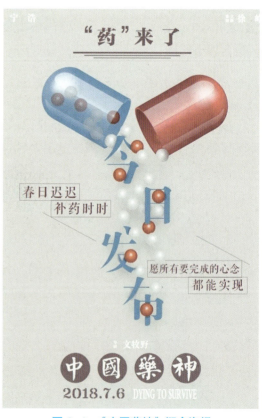

图 6-4 《中国药神》概念海报

图 6-5 《战狼》前导海报

图 6-6 《猩球崛起 3》前导海报

图 6-7 《八月：奥色治郡》前导海报

图 6-8 《一切尽失》前导海报

4. 人物海报

人物海报上的人物基本上都是几位主演。人物海报的主要表现形式有：①单脸海报，突出主角的脸孔；②个人秀海报，除了主角的脸孔以外，还展现一些有代表性的优美体态、矫健的身手等；③双人组海报，作为文艺、浪漫、喜剧类电影海报的主题时，将影片色调经过缓和的处理，更能体现影片中情感的交流；④多人组海报，这类海报都不以明星魅力做诉求，而是把镜头拉长（或拉近），将重点落在别处。例如电影《魔兽》（见图6-9）、《蜘蛛侠》（见图6-10）、《唐人街探案2》（见图6-11）和《捉妖记2》（见图6-12）的人物海报。

图 6-9 《魔兽》人物海报

图 6-10 《蜘蛛侠》人物海报

图 6-11 《唐人街探案2》人物海报

图 6-12 《捉妖记2》人物海报

5. 终极海报

从宣传期的进度来讲,终极海报是即将上映的宣传阶段而揭晓的海报,是猛料最足的一款海报。它的发行时间通常是电影后期制作完成后。例如电影《头号玩家》(见图6-13)、《我不是药神》(见图6-14)、《密战》(见图6-15)和《终极硬汉》(见图6-16)的终极海报。

图6-13 《头号玩家》终极海报

图6-14 《我不是药神》终极海报

图6-15 《密战》终极海报

图6-16 《终极硬汉》终极海报

6.3 电影海报设计

下面我们来设计图 6-17 所示的电影宣传海报。

具体制作步骤如下：

（1）新建文件，如图 6-18 所示。

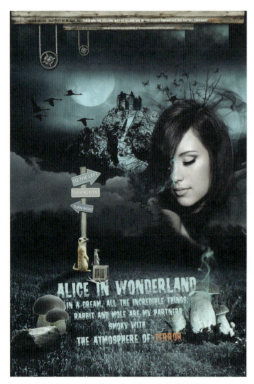

图 6-17 要设计的电影宣传海报

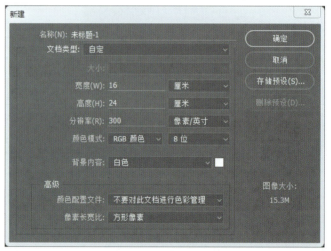

图 6-18 电影海报制作（1）

（2）新建"背景"图层组，打开素材文件"暗夜.jpg"，然后复制该图层，使用画笔工具对天空顶端边缘进行涂抹，完善天空图像，如图 6-19 所示。

（3）打开素材文件"雪山.jpg"，调整位置，添加图层蒙版，利用魔棒工具选择蓝色天空区域并填充为黑色，以隐藏天空部分，如图 6-20 所示。

（4）单击"创建新的填充或调整图层"按钮，选择"曲线"命令，选中"此调整影响下面的所有图层"，并创建剪切蒙版，调整曲线，效果如图 6-21 所示。

（5）单击"创建新的填充或调整图层"按钮，选择"纯色"命令，设置颜色为暗青色（R:8,G:60,B:71），并创建剪切蒙版，设置其混合模式为"色相"，如图 6-22 所示。

图 6-19　电影海报制作（2）

图 6-20　电影海报制作（3）

图 6-21　电影海报制作（4）

图 6-22　电影海报制作（5）

（6）按照同样的方法在雪山顶端添加素材"城堡.jpg"，设置各项参数，效果如图 6-23 所示。

（7）打开素材"纹理.jpg"，拖至当前图像中，设置混合模式为"正片叠底"，不透明度为30%，以调整画面色调和纹理效果，如图6-24所示。

图6-23 电影海报制作（6）

图6-24 电影海报制作（7）

（8）打开素材"麦田.jpg"，拖至当前图像中（见图6-25），并创建剪切蒙版，执行"纯色"命令，设置颜色为暗青色，创建剪切蒙版，设置其混合模式为"颜色"，以调整麦田颜色，如图6-26所示。

图6-25 电影海报制作（8-1）

图6-26 电影海报制作（8-2）

（9）新建"小元素"图层组，打开素材"小元素.jpg"和其他图像文件，分别将素材放置合适位置，按照前面的方法进行效果处理，如图6-27所示。

（10）利用文字工具，在字符面板中输入主题文字，并添加投影图层样式，丰富画面效果，如图6-28所示。

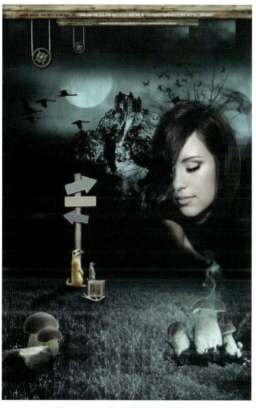

图6-27　电影海报制作（9）

图6-28　电影海报制作（10）

思考与练习

（1）什么是电影广告？

（2）电影广告的表现形式有哪些？

（3）电影广告的优势是什么？

（4）电影海报的设计要素有哪些？

（5）电影海报有哪些主要类型？

Advertising Design and Production

第 7 章

网 络 广 告

7.1 网络广告概述

7.1.1 网络广告概述

随着网络的普及，人们纷纷构思着运用网络去创造新的商业奇迹，于是所有广告商、广告人、广告代理公司的生活圈中多了一个新名词——网络广告。

简单地说，在网站上能看到的那些图标、标志，或不停跳动、色彩鲜明的动画，都是网络广告，如图7-1所示。

网络广告是利用网站上的广告横幅、文本链接、多媒体的方法，在互联网上刊登或发布广告，通过网络传递到互联网用户的一种高科技广告运作方式。

图7-1 网络广告

与传统的四大传播媒体（报纸、杂志、电视、广播）广告及近来备受垂青的户外广告相比，网络广告具有得天独厚的优势。网络广告是实施现代营销媒体战略的重要部分，受到众多用户的青睐。

7.1.2 网络广告的构成要素

网络广告的五大传达要素是文字、图像、空间、时序和声音。

网络广告的表现手法与传统广告相比，虽然构成广告画面的元素大致相同，但网络广告却增加了一些新的要求。相对平面广告而言，网络广告增加了声音，而且还有画面的活动与时序的变化；相对影视广告而言，网络广告虽然不及影视广告画面丰富、生动，却有着影视广告无法相比的优势———空间上的链接。

网络广告的构成要素可细分如下。

1. 视觉方面

1）文案

文案如图7-2所示。

（1）标题（包括正、副标题）；

（2）正文（可以是对产品的说明，也可以是对受众的鼓动言语、品牌形象口号、表现商品性质及企业风格的较为稳定的广告语句）；

（3）随文（包括广告主名称、地址、电话及产品价格等）。

2）画面

画面如图7-3所示。

（1）图形(包括图片、照片、动画及图表)；

（2）商标（图案或文字造型的注册商标）；

（3）商品标识（商品名称、标准字体、图形等）；

（4）按钮(可以是专门设计的图形、色块、文字)；

（5）轮廓（外框或边框）。

图7-2　文案

图7-3　画面

2．听觉方面

（1）背景音乐（与企业或产品特性相吻合的音乐）；

（2）音响特效（与产品相关的音响）。

3．网络方面

（1）链接（通过点击可以链接到另一个页面上去，实现空间的转换）；

（2）时序（画面可以按照预定的顺序出现）。

网络广告的这些要素，各负有不同的使命与作用。如果这些要素材料各自分散，单独行动，就不能充分发挥广告的效果；如果这些要素能够统一编排，那么广告的传达功能会更明确，给受众的印象会更深刻。

7.1.3　网络广告的主要形式

1．网幅广告

网幅广告是以GIF、JPG、Flash等格式建立的图像文件，定位在网页中，大多用来表现广告内容，同时还可使用Java等语言使其产生交互性，用Shockwave等插件工具增强表现力，如图7-4所示。网幅广告包含Banner、Button、通栏、竖边、巨幅等。

2. 文本链接广告

文本链接广告是以一排文字作为一个广告，点击可以进入相应的广告页面的广告，如图7-5所示。这是一种对浏览者干扰最小，但却较为有效果的网络广告形式。有时候，最简单的广告形式效果却最好。

图7-4 竖边广告

图7-5 文本链接广告

3. 电子邮件广告

电子邮件广告具有针对性强、费用低廉的特点，且广告内容不受限制。它可以针对具体某一个人发送特定的广告，为其他网上广告方式所不及，如图7-6所示。

4. 赞助式广告

赞助式广告多种多样，比传统的网络广告给予广告主更多的选择。

5. 与内容相结合的广告

与内容相结合的广告可以说是赞助式广告的一种，但从表面上看它的内容更像网页上的内容而并非广告。在传统的印刷媒体上，这类广告都会有明显的标示，指出这是广告，而在网页上通常没有清楚的界限。

6. 插播式广告

插播式广告又称弹出式广告。访客在请求登录网页时强制插入一个广告页面或弹出广告窗口。它们有点类似电视广告，都是打断正常节目的播放，强迫观看。插播式广告有各种尺寸，有全屏的，有小窗口的，而且互动的程度也不同，从静态的到全部动态的都有。浏览者可以通过关闭窗口不看广告（电视广告是无法做到的），但是它们的出现没有任何征兆，而且肯定会被浏览者看到，如图7-7所示。

7. Rich Media

Rich Media一般指使用浏览器插件或其他脚本语言、Java语言等编写的具有复杂视觉效果和交互功能的网络广告。这些效果的使用是否有效,一方面取决于站点的服务器端设置,另一方面取决于访问者浏览器是否能查看。一般来说,Rich Media 能表现更多、更精彩的广告内容。

图 7-6 电子邮件广告

图 7-7 弹出式广告

8. 其他新型广告

其他新型广告包括视频广告、路演广告、巨幅连播广告、翻页广告、祝贺广告等。图 7-8 和图 7-9 所示分别是视频广告和祝贺广告。

图 7-8 视频广告

图 7-9 祝贺广告

9. EDM 直投

EDM 直投通过 EDMSOFT、EDMSYS 向目标客户定向投放对方感兴趣或需要的广告及促销内容,以及派发礼品、调查问卷,并及时获得目标客户的反馈信息。

7.1.4 网络广告的优缺点

1. 网络广告的优点

1) 网络广告传播广泛,消除了时间、空间的限制

网络广告传播的时空极为广泛。从时间上来说,网络广告一经发布,便会一天 24 小时呈现

在网上，网民可以随时浏览，不会因为错过了某个时段就无法接收信息。从空间上来说，传统媒体广告往往只局限于一个地区，至多几个国家，而网络广告可以通过互联网把广告信息传播到世界各地，即便刮风下雨都不会影响传播效果。网民可以在任何地方通过互联网随意浏览广告信息。另外，网络广告的信息容量很大，传统媒体广告容量有限。无论是 30 秒的广播或电视的广告时段，还是报刊上的整幅广告页面，或是路边的一块广告牌，都只能容纳所有广告信息中最精华的一部分，其他的只能无奈地删除。而网络广告可以链接到其他网页，从而提供更多的信息。这是传统媒体无法比拟的。

传统的大众媒介，包括报纸、电视等，往往局限于某一特定区域的传播，要想把国内刊播的广告在国外发布，则要经过政府批准，在当地寻找合适的广告代理人，联系并和当地媒体洽谈等一系列复杂的工作。同时，广告刊播时间受购买时段或刊期限制，目标群体容易错过，并且广告信息难以保留，广告主不得不频繁地刊播广告以保证广告不被消费者遗忘。而网络则是以自由方式扩张的网状媒体，连通全球，只要目标群体的计算机连接到网上，广告信息就可以到达。同时，网上广告信息存储在广告主的服务器中，消费者可在一定时期内的任何时间里随时查询，广告主无须再为广告排期问题大伤脑筋。

2) 网络广告信息传递的交互性强

传统的广告信息的流向是由发送者推向受众，无论是电视、广播、印刷物、路牌，还是霓虹灯等形式的传统媒体广告都具有强制灌输的特性，它们要排除环境的干扰，抓住受众的视觉、听觉将有关信息或意向强行"塞进"受众的头脑中，并努力留下深刻的印象。

与传统广告媒体相比，互动性是网络广告最显著的优势。首先，网络广告可实现多种交流功能：消费者除了可以自由地查询信息外，还可以通过 E-mail 向公司进一步咨询、订货，从而在单一媒体上实现了整个购买过程，产品信息几乎在生产的同时，就同步传递到用户网中，等于在同一时间对无数受众做了广告宣传。这一点是传统广告媒体难以做到的。其次，网络广告趣味性强：网络广告的内容完全控制在浏览者手中，他们可以根据自己的兴趣和目标按动屏幕上的按钮，连接并获得所需要的信息，浏览者成了广告的"主宰"，这成为吸引众多消费者的一个主要原因。最后，网络广告提高了目标顾客的选择性：与传统广告不同，网络广告的启动，需要目标群体的主动搜寻和连接，属于"软件广告"，而主动搜寻公司广告的消费者往往带有更强的目的性，提高了广告的促销作用。

3) 网络广告针对性强

在设计网络广告的时候，可以根据受众对信息的不同需求，选取相应的信息内容。比如：有的访问者喜欢直观地观察产品的外形、结构等，那么在广告的设计上就可以采用三维动态的多媒体技术向这些访问者展示他们所需要的信息；有的访问者喜欢通过分析各种报告、说明书、成交记录、使用者反馈等信息来做出购买决策，那么在广告的设计上就可以提供大量的数据，增强说服力。

4) 网络广告受众数量可准确统计

利用传统媒体做广告，无法准确地测算有多少人接收到所发布的广告信息，更不可能统计出有多少人受广告的影响而做出购买决策；网络广告则可以通过受众回应的 E-mail 直接了解受众的反应，还可以通过设置服务器端的 Log 访问记录软件随时获得本网址的访问人数、访问过程、浏览的主要信息等记录，以及这些用户查阅的时间分布和地域分布，以随时监测广告投放的有效程度，从而及时调整营销策略。

5) 网络广告传播实时、灵活、成本低

在传统媒体上发布广告后更改的难度比较大，即使可以改动，也需要付出很大的代价。例如，电视广告发出后，播出时间就已确定。因为电视是线性播放的，牵一发而动全身，播出时间改一下，往往全天的节目安排都要重新制作，代价很高，如果对安排不满意，也很难更改。而这对于网络广告而言则容易多了，因为网站使用的是大量的超级链接，在一个地方进行修改对其他地方的影响很小，而且网络广告制作简便、成本低，容易修改。当然，随着网络技术的进步和网络带宽的改善，为了追求更好、更震撼的效果，网络广告的制作会越来越复杂，体积会越来越大，修改成本也会相应提升，同电视媒体广告的差距会越来越接近。但是从目前来说，修改一个典型网络广告的成本和难度比传统媒体要小得多，这样，经营决策的变化也能及时实施和推广。这是网络广告的一个很大的优势。

6) 网络广告宣传形式多样，表现手段丰富多彩，感官性强

利用网络广告的投放，可以链接企业网站，宣传公司形象及宣传企业活动事项与细节，或者刊登企业新闻。利用网络，可以对活动事件进行宣传，并设计网上讨论话题，确保广告效果。网络广告集文字、声音、影像、图像、颜色、音乐等于一体的丰富表现手段，可以使消费者全方位亲身"体验"产品、服务，还可以在网上进行预定、交易和结算。这种以图、文、声、像的形式，传送多感官的信息，让顾客身临其境地感受商品或服务的广告形式，大大增强了网络广告的实效。

7) 网络广告效果的可测评性强

传统媒体广告效果的测评一般是通过邀请部分消费者和专家座谈评价，或者调查视听率、发行量，或者统计销售业绩、分析销售效果。在实施过程中，由于时间的及时性不强（往往需要数月的时间），主观性影响（调查者和被调查者主观感受的差异及相互影响），技术失误造成的误差，因人力、物力所限样本小等原因，广告效果的评定结果往往和真实情况相差较远。网络广告效果测评由于技术上的优势，有效克服了传统媒体的不足，表现在以下几个方面。

（1）更及时。网络的交互性使得消费者可以在浏览访问广告时直接在线提意见、给出反馈信息，广告主可以立即了解到广告信息的传播效果和消费者的看法。

（2）更客观。网络广告效果测评不需要人员参与访问，避免了调查者个人主观意向对被调查者产生影响，因而得到的反馈结果更符合消费者本身的感受，信息更可靠、更客观。

（3）更广泛。网络广告效果测评成本低，耗费人力、物力少，能够在网上大面积展开，参与调查的样本数量大，测评结果的正确性与准确性大大提高。

8) 内容种类繁多、信息面广、容量大

网络广告的内容大到汽车，小到袜子，种类繁多。庞大的互联网广告能够容纳难以计量的内容和信息，它的广告信息面之广、量之大，是报纸、电视无法比拟的。比如，报纸广告的信息量受到版面篇幅的限制，电视广告的信息量受到频道播出时间和播出费用的限制等。随着我国计算机的普及和发展，越来越多的企业和个人在互联网上建立站点、主页，或借助强势网站

推销品牌、推销产品、打造形象，使网络广告信息量激增。

2. 网络广告的缺点

1) 点击率偏低

电视、报纸等传统媒体，往往是强迫受众观看广告；而网络广告是非强制的，网络用户拥有主动权，对于自己不关心的信息或广告可以选择关掉网页不看，即使点击，也只是点击那些自己感兴趣的广告，这使得网络广告的点击率相当低。

2) 网络广告的受众人群受到限制

网络广告只能针对上网的人群进行宣传，因此受到一定程度的限制。

3) 网页版面的限制

一般的正规网站都会用版面的主要位置来展示自己网站要传达的信息，留给网络广告的只能是固定的版面，一般是顶栏和底栏两处，通常顶栏的效果要比底栏的好。

以上所谈的是现阶段网络广告的不足，随着网络的普及与数字技术的不断完善，网络广告的这些问题将会被逐步解决。

7.1.5 网络广告创意

网络广告是建立在网络这一全新媒体的基础上的，因此网络广告创意也具有与传统广告创意不同的特点。

1) 网页上方比下方效果好

统计表明，许多访客不愿意通过拖动滚动条来获取内容。因而，放在网页上方或网页下方的广告所能获得的点击率是不同的。放在网页上方的广告点击率通常可达到3.5%~4%。

2) 广告面积越大越好

通常网络广告的标准大小有88毫米×31毫米等几种常用规格。显而易见，一个大的广告图形更容易吸引用户的注意。因而，不同大小的横幅，如图7-10所示，价格也会不同。

3) 经常更新图片

研究表明，当一个图片放置一段时间以后，点击率就会开始下降，而更换图片以后，点击率又会增加。（见图7-11）

图7-10　不同大小的横幅广告

图7-11　经常更换图片

4) 采用合适的语句

广告中使用的文字必须能够引起访客的好奇和兴趣，可以是召唤性的，如"CLICK HERE"；也可以是时间性的，如"最后机会"；还可以是"FREE"之类的词语，这种看起来落入俗套的词语却能够得到戏剧性的效果。（见图7-12）

5) 使广告靠近网站最主要的内容

通常综合网站都会有"WHAT'S NEW"或者发布网站自身新闻的位置，这往往是一个网站中最吸引人的部分，因此广告如果放在这个位置附近，就会吸引更多人的注意。

图 7-12　广告中使用合适的语句

6) 将广告链接到一个特定的页面

没有人喜欢七弯八绕才获取自己所需的内容，因此广告应该链接到最想宣传的那个页面，而不是客户网站的首页。

7) 适当运用动画

统计表明，动画图片的吸引力比静止画面的高三倍。但是，如果动画图片应用不当，则会引起相反的效果，如因过于花哨和文件过大影响了下载速度，所以通常广告商会限制图片的大小。

8) 不可忽视纯文字的作用

在电子邮件杂志中可以放置纯文字广告。由于纯文字广告通常可表现 100 字左右的文字内容，而且几乎不影响下载速度，所以措辞得当的纯文字广告可获得高达 12% 的点击率。

9) 选择合适的广告网络

即使价格一样，在流量不同的网站做广告效果也会完全不同。流量大的网站使广告主获得所需效果的时间大大缩短，从而为广告主赢得时间。

7.2　网络广告制作

下面以巧乐兹为例，设计制作网络动画广告。

在网络上流行的网络广告的动画形式有两种，一种是 GIF 动画，另一种是 Flash 动画。无论是哪种动画，它们在网页上的动画形式都是多种多样的。常用的动画形式有逐帧动画、形状补间、运动补间、遮罩动画和运动引导等。

逐帧动画是网络广告最基本的动画形式，其制作主要有以下几个步骤。

（1）收集素材；

（2）创建元件；

（3）制作逐帧显示效果，如图7-13所示。

图7-13　制作逐帧显示效果

伊利巧乐兹在广告设计的创意上找到了"年轻、时尚、品质"的契合点，开辟了国内传统冰品行业与网络互动音乐平台的合作先河，令双方在品牌方面都取得了有效的提升。

"喜欢你，没道理"——随着动画广告语与代言人张韶涵的动画特效的出现，这句话成了年轻一族的口头禅，也表明伊利巧乐兹的品牌形象已逐渐深入人心。

好的网络广告不仅有精美的外观，还要有丰富的内容。巧乐兹这则网络动画广告将文字、图片、动画、音乐等元素通过平面设计的对比、平衡、重复、渐变及节奏等的设计原则有机组合，达到活泼生动、中心突出、让人印象深刻的效果。

思考与练习

（1）什么是网络广告？

（2）网络广告的构成要素有哪些？

（3）网络广告有哪些形式？

（4）网络广告有哪些特点？

Advertising Design and Production

第8章
案例赏析

广告设计与制作

广告设计能把一种创意、一种想法通过精美的构图、版式和色彩展示给人们，只要掌握了广告设计的规律和制作方法，就能做出精美的广告设计作品。本章通过饮料类、企业形象类、流通及服务类优秀案例赏析来提高读者的审美情趣，指导读者创作广告作品。

8.1 饮料类广告

8.1.1 优乐美奶茶

优乐美奶茶广告（部分视频截图）如图 8-1 所示。

图 8-1　优乐美奶茶广告

续图 8-1

1. 声音及字幕

女：永远有多远？

男：只要心在跳，永远就会很远很远。

女：你心跳蛮快的嘛。

男：这是个秘密。因为你是我的优乐美。

女：我是你的什么？

男：你是我的优乐美啊。

女：原来我是奶茶啊？

男：这样，我就可以把你捧在手心了。

女：你喜欢我什么啊？

男：喜欢你……优雅，快乐，又美丽。

女：你是在说优乐美奶茶啊？

男：你就是我的优乐美啊。

2. 创意说明

电视广告主要通过营造温馨浪漫的情景体现优乐美奶茶，用奶茶温暖人心的情感内涵，通过平淡而温馨的画面，似曾相识的对白，勾起消费者心中掩藏已久的情愫，使优乐美奶茶成为温暖感动、温馨爱情的代名词。在创意方面，该广告颠覆了周杰伦在众多广告中个性孤傲和青春叛逆的形象，结合当时热播的电影《不能说的秘密》，细心挖掘出周杰伦羞涩、温柔、深情的另一面，与优乐美的形象相结合。

产品/品牌：优乐美

篇名：回味篇

创意总监：刘山

创意：平成优乐美团队

文案：平成优乐美团队

制作公司：影响制作

制片：张伟昆

导演：刘山

摄影：赵小丁　王穗光

剪辑：梁惠兰

8.1.2 九江双蒸酒

九江双蒸酒广告（部分视频截图）如图8-2所示。

图8-2　九江双蒸酒广告

续图 8-2

1. 声音及字幕

字幕：九江双蒸，清代十二酒坊，特选优质蒸谷米，特有秘传蒸工艺，两百年的广东味。

旁白：蒸谷米，蒸出好营养；蒸工艺，蒸出醇酒香。两百年的广东味，远航九江双蒸酒。

2. 创意说明

整片以具有传统文化特征的国画卷轴的形式来演绎，唯美再现蒸酒工艺的同时，阐明蒸谷米和蒸工艺的特点。

客户：九江酒厂

产品/品牌：九江双蒸酒

篇名：画卷篇

美术指导：关关

广告公司：广州先创广告

制片：罗勇

导演：艾长久

摄影：张志彬

剪辑：广州魔方

音乐：阿明

动画：黄丰调

合成：邱兴伟

8.2 企业形象类广告

8.2.1 中国石化

中国石化广告（部分视频截图）如图8-3所示。

图8-3 中国石化广告

案例赏析　第 8 章

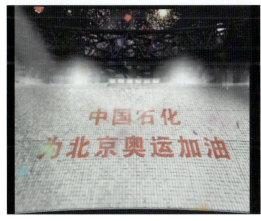

续图 8-3

1. 声音及字幕

众人：加油……

旁白：为北京奥运加油，为您加油，中国石化 SINOPEC。

2. 创意说明

本片通过对比，将整装待上岗的中国石化员工和准备起跑的运动员、赛场上拼搏的奥运健儿和意气风发的员工一组组画面结合在一起，看似毫不相关，却在传达着一个共同的主题——加油！"加油！"双关的意义在这里得到充分体现，既喊出了奥运健儿的心声，又喊出了中国石化的心声。

客户：中国石化

产品/品牌：企业形象

篇名：加油篇

创意总监：王晓雷　童佳

创意：王晓雷　童佳

文案：童佳　刘笛

制作公司：北京凯普九歌影视策动

制片：巴一

导演：李宁海

8.2.2 支付宝

支付宝广告（部分视频截图）如图 8-4 所示。

图 8-4　支付宝广告

续图 8-4

1. 声音及字幕

字幕：因为信任，拥抱亲情变得简单；因为信任，走出困境变得简单；因为信任，战胜自我变得简单；因为信任，消除陌生变得简单。因为信任，所以简单。

2. 创意说明

因为信任，所以一切将变得简单。正如歌词所唱：绽放你的笑，捧出我的心，让信任相逢信任，让心灵靠近心灵，握紧我们的手，传递你我真诚，不用再去怀疑，真心换来真情。相信有爱，相信有真，相信点亮一盏灯，就能融化风霜冰冷。相信有爱，相信有真，一路岁月的旅程，相信总有爱同行。

客户：支付宝

篇名：信任篇

创意总监：李皓华

创意：以太创意组

制作公司：杭州以太广告有限公司

制片：石晓原

导演：莫少奇

摄影：徐仁志

剪辑：飞皓

音乐：董磊

8.3　流通及服务类广告

恒裕运动名店街

恒裕运动名店街广告（部分视频截图）如图8-5所示。

图8-5　恒裕运动名店街广告

案例赏析　第 8 章

续图 8-5

1. 声音和字幕

旁白、字幕：恒裕运动名店街，让您的心动起来。

2. 创意说明

恒裕运动名店街作为肇庆首创运动潮流站，汇聚国内外众多运动品牌，形成一个青少年体验运动潮流文化的场所。以运动名店街的广告语"让您的心动起来"为核心，表现篮球爱好者、滑板爱好者、街舞爱好者在进入名店街店铺后，情不自禁产生幻觉，并动起来，最后发现自己在店铺里运动，不免感到无比尴尬的情景。

客户：恒裕地产

产品 / 品牌：恒裕运动名店街

创意总监：魏辛民
创意：魏辛民
文案：魏辛民
美术指导：卢正华
导演：陈文捷

> **思考与练习**
> （1）设计一款饮料类广告，并在全班演示。
> （2）设计一款企业形象类广告，并在全班演示。
> （3）设计一款流通及服务类广告，并在全班演示。

参考文献
References

[1] 张永华. 平面广告设计 [M]. 北京：北京理工大学出版社，2007.

[2] 周建国. 应用为王——CorelDRAW 12 平面设计实例精粹 2 [M]. 北京：人民邮电出版社，2006.

[3] 韩光军. 现代广告学 [M]. 北京：首都经济贸易大学出版社，1996.

[4] 吴健安. 市场营销学 [M]. 3 版. 北京：高等教育出版社，2007.